U0557290

国家自然科学基金项目（71904100）的阶段性成果

研究生教育质量评价

方法与应用

QUALITY EVALUATION IN GRADUATE EDUCATION

METHODS AND APPLICATION

王传毅
杨佳乐
程　哲　著

社会科学文献出版社
SOCIAL SCIENCES ACADEMIC PRESS (CHINA)

序一 研究生教育的特殊性与质量评价创新

这是一本研究研究生教育质量评价的书，也是一本指导提高研究生教育质量的书。评价所指，乃工作所向。正确的评价导向，将引导我们有效推进研究生教育的高质量发展。

研究生教育是国家创新力的基础，是教育强国战略、科教兴国战略和人才强国战略的重要结合点，在高等教育普及化的时代更是如此。历史上全球科学中心的转移，特别是19世纪之后从英国、法国到德国再到美国的转移，都离不开研究生教育的相伴而行、相互支撑。19世纪初，德国柏林大学提出的教学与科研相结合的原则，促进了现代研究生教育的诞生。但研究生院的制度化则始于19世纪后半叶的美国。1876年约翰·霍普金斯大学研究生院的诞生，使研究生教育相对独立发展，研究生教育开始呈现一种新气象，高层次人才培养呈现一种新面貌，科技创新也呈现一种加速发展的新格局。

正如2020年7月习近平总书记对全国研究生教育会议批示所指出的那样，研究生教育在培养创新人才、提高创新能力、服务经济社会发展、推进国家治理体系和治理能力现代化方面具有重要作用。可以说，研究生教育决定了国家科技创新力，没有高质量的研究生教育也就没有创新驱动的经济高质量发展。

质量是研究生教育的生命线。但究竟什么是教育的质量？什么是高等教育的质量？什么是研究生教育的质量？这些是需要首先厘清的问题。我很早就开始关注高等教育的质量问题。特别是在我国教育规模迅速扩张的时期，关注质量就是关注教育的生命。教育的质量，既有对于受教育者的影响的方面，即对人的发展的作用大小；又有对于社会影响的方面，即适应和引领经济社会发展的作用程度。评价研究生教育质量，也应当从这两个基本的方面来考量。

研究生教育与本科教育同属高等教育，相互联系，但又有重要区别。这种区别与高等学校的教学与科研的关系直接相关。教学与科研的结合似乎是被广泛接受的理念，但在实践中始终存在冲突。这不仅由于“完全不同的教育理念的偏爱”，而且由于存在“利益冲突”，包括作为个体的时间分配的冲突。卓越的教学，尤其是本科教学，与卓越的研究之间事实上存在某种冲突，尽管不少人都说自己如何把科研成果转化成了本科教学的内容，或者使本科生早期进入了科学研究。但实际上，对于普遍性的教学活动来说，可以教学的知识不再需要科学研究，而仍然需要科学研究的知识还不能教学。而研究生教育则需要知识创新，需要通过科学研究得到新的知识，尽管这种创新的程度和形态各不相同。研究生教育与本科教育的分离，意味着研究与前者的结合，而不是与后者的结合，意味着高等教育只有部分，而不是全部必须与研究结合起来。这也是在研究生教育评价中需要特别注意的地方。

研究生教育质量评价是对研究生教育能否培养出拔尖创新人才的能力进行全面检测，它包括对研究生申请者创新潜质和创新能力的检测、对培养条件（特别是师资队伍水平）的检测、对研究生在学期间所做出的创新成果，如发表论文、取得的专利以及学位论文创新性的检测。因此，质量评价是一个综合概念，既包括种类繁多的质量观测点，也包括运用不同的检测方法对观测点所处的水平进行判断。而数据的可得性、方法的可行性以及客观性，使得创新研究生教育质量评价方法是一个艰难的探索。评价者“格外珍惜已有的评价工具”，并广泛用于质量保障以及基于质量水平的资源分配，但这并不意味着方法创新没有必要。王传毅等学者所著《研究生教育质量评价：方法与应用》一书，全面回顾了当前针对研究生生源质量、培养质量、学位论文质量、支撑条件质量等方面的评价方法，并指出不同方法的优势与劣势，为评价方法创新提供了基础和方向。

正如该书所言“守正创新”，该书对质量评价方法的探索体现出鲜明的渐进主义色彩，将“创新”作为研究生教育质量评价的核心，提出：生源评价在标准化测试的基础上，可采用全面审核的评价方式，对研究生申请者的创新潜质、专业能力以及非认知能力进行评价；培养质量评价仍须围绕教育要素和教育环节，但应更强调“以研究生为中心”，重视研究生对导师指导、培养条件、课程教学等方面的满意度、体验感，重视研究生在创新能力上的成长提升度，重视研究生在学期间所产出的创新成果；学位论文质量评价应以学位论文的学术贡献为核心，尝试采用大数据的方法客观呈现学位论文在知识演进与创新中所处的位置、发挥的功能。

根据我个人参与高等教育教学评估和教育督导工作的经验来看，该书所提出的质量评价方法符合《深化新时代教育评价改革总体方案》中“改进结果评价，强化过程评价，探索增值评价，健全综合评价”的方向和要求，且思路新颖、设计科学、现实可行、切实管用。有的方法，如基于传记数据的全面审核评价，在一些高校研究生招考中采用；有的方法，如基于引证网络大数据的论文质量评价方法，在作者参与的教育部相关重要工作中所应用。

研究生教育质量评价事关研究生教育发展方向，有什么样的评价“指挥棒”，就有什么样的办学导向。因此，质量评价不只是方法问题，更是导向问题，评价的改革创新必须放置于研究生教育改革发展的大背景下去审视，回应更多国家关心、社会关切的热点问题，例如：如何落实分类评价，针对学术学位研究生和专业学位研究生的不同特点制定评价方法，引导分类培养，消除研究生教育的同质化现象；如何区分硕士、博士的培养目标，按需设计生源质量、过程质量和学位论文质量的评价标准，求同存异，凸显教育的贯通性、阶段性和层次性；如何把握中国研究生教育发展规律，扎根中国、融通中外，立足时代、面向未来，使研究生教育评价既能与国际对标，又能凸显中国特色，特别是能够站在二十年、三十年之后的中国经济社会发展需求中对今天研究生教育质量做出判断，并指出改进的方向。

上述问题都需要进一步深入研究、思考，我也期待王传毅等学者能够再接再厉，不断探索、持续耕作、久久为功，为构建富有时代特征、彰显中国特色、体现世界水平的研究生教育评价体系做出更大的贡献。

瞿振元
国务院教育督导委员会总督学顾问
中国高等教育学会第六届理事会会长
二〇二二年三月

序二　评价的功能与风险

研究生教育质量决定着一国高层次人力资本供给，与国家硬实力和软实力均息息相关。特别是进入知识经济时代以来，着力提高本国研究生教育质量在全球基本达成共识。一国研究生教育质量究竟高不高，口说自然无凭，评价需求也就应运而生。在中国，对研究生教育质量评价的需求尤甚。一则中国研究生教育规模体量庞大，2021 年共有在学研究生 333.24 万人，比某些国家全国的人口还多，超大规模也随即引发质量隐忧，迫切需要通过评价回答规模扩张是否稀释了教育质量这一问题；二则新时代赋予研究生教育新使命、新期待，需要以评价作为“指挥棒”引导研究生教育坚持“四个面向”，更好服务国家和区域发展需求。概言之，科学合理的评价对于我国研究生教育高质量发展至关重要。

作为专门聚焦研究生教育质量评价的一本著作，王传毅、杨佳乐、程哲所著《研究生教育质量评价：方法与应用》在全面把握国内外教育质量评价动向基础上，依次呈现生源质量、培养质量、学位论文质量以及质量动态评价的前沿方法与应用实例，丰富了研究生教育质量评价工具箱和案例库。该书作者尝试以文献计量方法改进研究生学位论文质量评价，以体验调查强化研究生培养过程评价，以问卷调查探索研究生增值评价，以全面审核健全研究生综合评价，可以说有力地回应了《深化新时代教育评价改革总体方案》中提出的“改进结果评价，强化过程评价，探索增值评价，健全综合评价”原则。

从林林总总的研究生教育质量评价方法中，我们可以将评价所发挥的功能大致分为两种：甄别器和导航仪。甄别器功能重在服务当下，意指评价主要目的是甄别被评价对象的绝对水平或相对位次，从而为决策提供参考。该书中发挥甄别器功能的评价案例包括：其一，以量表、结构化面试或推荐信测量研究生非认知能力，为判断生源质量提供参考；其二，以在国内外高水平论文撰写中的参与率和贡献率评价研究生知识生产贡献，为判断培养质量提供支撑；其三，以直接引用和间接引用反映研究生学术贡献，为判断学位论文质量提供依据。

导航仪功能则侧重面向未来，意指评价主要目的是通过设定标准引导被评价对象改变认知或行动。书中发挥导航仪功能的评价案例包括：一是通过全面审核引导研究生跳脱标准化测试桎梏，提升个人综合素质；二是通过体验调查引导研究生培养单位以学生为中心，转变培养理念，优化培养模式；三是通过质量指数引导研究生教育管理部门对标对表、正视差距、补齐短板。

不过评价并非万能，在发挥其甄别器或导航仪功能的同时，也必须对潜在风险保持必要警惕。第一，评价面临测不准悖论。在量子力学领域有一个著名的海森堡测不准原理，即一旦将某一指标确定为评价标准，该指标的评价效度就会大打折扣。经济学家 Harman Daly 也发现，倘若以 GDP 指标衡量经济发展水平，就可能引发不惜一切代价追求 GDP 的非理性行为，从而偏离经济发展的最初目标。研究生教育质量评价其实也面临类似问题，例如正是早期将标准化测试成绩作为研究生生源质量的代理指标，导致追求高分数逐渐异化为目的本身，标准化测试出现功能反转，正功能变成负功能，逆向激励研究生群体以及研究生培养单位的非理性行为。

第二，评价存在量化风险。随着社会指标运动、新公共管理运动，以及统计技术的迭代升级，量化评价逐渐成为主流模式，一些传统不易量化的领域也开始积极探索，司法量化评价、学术量化评价深刻重塑司法改革和学术工作。量化评价在保证评价结果客观性、易复制性等优点的同时，也会由于不恰当的操作过程产生测量偏差。特别是在教育领域，很多指标其实是难以量化的，比如教育质量的操作化就存在极大争议。通常而言，事实判断指标相对容易量化，越是价值判断指标越难以量化评价。而根据《现代汉语词典》的释义，“评价”一词意指对人、事、物价值的判断，不可避免涉及价值判断，因此量化评价工具的使用务必慎之又慎，预判风险。

第三，评价关系话语权争夺。在世界学术体系中，中心国家往往扮演标准制定者角色，掌握绝对的学术话语权；边缘国家则只能被动接受外部标准，沦为话语模仿者。一个例子是国外大学排行榜对国内高等教育系统的裹挟。由于英文发文及被引情况在各大学排名指标体系中占据较大比重，发表 SCI 或 SSCI 论文，尤其是发表容易获得高被引的高影响因子论文一跃成为短期内提升排名位次的捷径，各大学纷纷对英文发表做出要求，甚至予以重金奖励。英文发表至上的直接恶果是从研究主题、研究方法到概念范畴、理论基础向西方世界全面看齐，实质上是将学术评价权与话语权拱手相让。因此亟须打造适合中国国情的评价体系，争夺学术话语权，这也是加快落实构建中国特色哲学社会科学“三大体系”（学科体系、学术体系、话语体系）重大战略任务的有力举措。

最后，研究生教育质量评价是一项兼具理论意涵与实践价值的重要课题，该书作者已然迈出坚实一步。面对百年未有之大变局与国家战略发展全局，未来仍有赖致力于评价研究的各位同仁赓续前行，奋楫争先，不断丰富评价理论，创新评价方法，激发评价正功能，防范评价风险点，以高质量评价体系引领研究生教育迈上新台阶，开创新局面。

荆林波

中国社会科学评价研究院院长

2022 年书于中国社会科学评价研究院

前　言

自 1981 年恢复学位制度以来，中国的研究生教育发展成就举世瞩目，2020 年招生规模超过 110 万人，在学研究生规模突破 300 万人，累计为国家培养输送 1000 多万名高层次人才。研究生教育实现了从“凤毛麟角”到“千万大军”的历史性跨越，我国正坚定迈向研究生教育强国之列。

高质量的研究生教育是建设世界主要科学中心和创新高地的重要基础，是新时代实现经济社会高质量发展的有力支撑。然而，中国研究生教育质量究竟如何，各界亦有不同看法：一方面，研究生教育具有较好的质量基础，业已成为我国科技创新的中坚力量，2018 年国家科技三大奖 224 项通用项目中，2/3 的第一完成人是我国自主培养的博士，国家自然科学基金重点和面上项目的研究者中，在学研究生占比超过 50%，2019 年全国 139 名新晋院士中，90% 以上在我国境内接受过研究生教育，近 80% 由我国境内高校和科研院所授予博士或硕士学位；另一方面，少数但负面影响显著的质量事件，如学位撤销、学历造假、论文抄袭、论文代写等时常成为舆情焦点。本书对 *Nature* 杂志对全球博士生的调查数据分析也发现，中国博士生在探究能力培养的获得感上，距离英美国家博士生还有一定距离。

不过上述数据只是基于简单描述的一种模糊感知，若想全面、准确判断我国研究生教育质量，需要更为科学严谨的评价手段，本书的写作也正缘起于此。本书试图摆脱教科书性质的评价方法介绍，不求面面俱到，以当前常用的若干评价方法为基础，守正创新，并通过实证数据对其可行性予以检验，从而丰富研究生教育质量评价方法工具箱。为此，本书提出以下几点。

针对生源质量评价，应持续完善全面审核的评价工具，试点在研究生招生工作中，面向不同院校类型、不同学科门类研制全面审核的观测维度与计分标准，同时也可通过引入情景判断量表、加强结构化面试、改进标准化推荐信、纳入传记数据等方式改进对研究生非认知能力的评价。

针对培养质量评价，应更加精准地考察培养过程。在构建以自陈报告为基础的测量研究生在学体验和能力增值的工具的基础上，可将合著论文作为观测点，运用大数据的方法，对论著贡献者的角色进行分类，细分研究生在科研工作中的角色和所承担的任务，对研究生的学术贡献率进行评价。

针对学位论文质量评价，应更加科学地测量学术贡献。本书假定引用情况能够在一定程度上反映其学术贡献，尝试区分直接引用和间接引用两种类型，对学位论文的学术贡献进行测量。此外，可充分利用大数据的方法综合考虑学位论文在施引文献中所发挥的作用、起到的功能（如作为分析框架、作为研究方法或只是作为一种信息的提及），对学位论文的学术贡献进行更为精准的测量。

针对质量的动态评价，可考虑构建国家—省域—院校三个层面、研究生—博士生—硕士生三个维度的“三层三维”质量指数体系，通过选取内涵外延基本一致、质量水平可比的指标测算形成指数，动态反映研究生教育质量变化。

受时间和精力所限，本书对于研究生教育质量评价的探讨还有诸多可深入之处，恳请各位专家不吝批评指正。也期待本书成为一本“抛砖引玉”之作，吸引更多同行在研究生培养及高等教育评价领域贡献更多的学术成果。

王传毅　杨佳乐　程哲

书于清华园

2021 年 10 月 1 日

目　录

第一章 研究生教育质量评价：艰难的探索

一 无质量，不教育

当今世界，新一轮科技革命和产业变革深入发展，高精尖领域的全球竞争日益激烈，国际政治、经济、科技、文化、安全等格局都在发生深刻调整，世界进入动荡变革期。自主创新对国家发展的战略支撑能力得到前所未有的凸显，研究生教育作为一国竞争力和创新力的基石，成为社会关注的焦点。

随着高等教育普及化时代的到来，世界各国研究生教育规模呈现普遍的扩张趋势。教育质量作为研究生教育的生命线，成为备受关注的研究议题和舆论焦点。在博士教育层次，《自然》杂志连续多年开展全球性的博士教育质量调查，调查结果发现：博士教育规模扩张的后果是“博士工厂”的出现，并使得全球的博士教育质量呈现下降趋势，越来越多的博士无法学以致用，甚至找不到工作，或者即使找到了工作，许多工作也无法体现一名博士的价值。[①] 在硕士教育层次，目前尚无全球性的质量调查报告，但一些聚焦本国的研究表明，扩张之后的硕士教育质量状况堪忧。例如，美国大学协会在 19 世纪上半叶（美国硕士教育初次扩张之后）对该国的硕士培养单位进行了善意提醒：“如果全国范围内的硕士学位没有任何标准可言，如果它仅仅意味着本科毕业后再多学习一年，那么我们有理由担心硕士学位最终会沦为一个笑柄。”[②]

中国自 1981 年实施《中华人民共和国学位条例》以来，截至 2020 年已累计授予超过 1000 万人研究生学位，[③] 在迅速完成“数量时代”规模的补偿性扩张后，中国研究生教育开始跨入“质量时代”，服务时代需求、提高教育质量成为新时期教育发展的主线。2020 年，新中国成立以来首次全国研究生教育会议顺利召开，国务院学位委员会、教育部印发《关于进一步严格规范学位与研究生教育质量管理的若干意见》，重申质量对于研究生教育发展的重要性，并为今后一段时间我国研究生教育质量的保障工作指明了方向。

综上，政府、学界，乃至社会各界对研究生教育的质

---

① D. Cyranoski et al.，“Education：The PhD Factory，” *Nature*，Vol. 472，No. 7343，2011，pp. 276 – 279.

② T. Calvin，“The Degree of Master of Arts，” *Journal of Proceedings and Addresses of the Twelfth Annual Conference of the Association of American Universities*，Vol. 12，1910，pp. 34 – 50.

③ 根据历年《中国教育统计年鉴》数据计算所得。

量空前关注，因此，迫切需要持续监测我国研究生教育质量现状和发展变化，迫切需要创新研究生教育质量的评价方法。

二　现行的评价方法

驻足回顾，研究生教育已在各种评价方法上积累了宝贵的实践经验，相关评价方法重点关注以下六个方面。

一是生源质量，即招收研究生的能力素质水平，主要以标准化的测试分数或表征学习经历的"符号性"特征，如毕业院校所属类别等标准来衡量。

二是学习体验质量，在研究生层次，可大致分为课程教学体验和科研体验两种类型。课程教学体验，即研究生课程的质量，例如英国、澳大利亚每年定期开展的研究生课程体验调查（postgraduate taught experience survey），通过问卷调查的方式向在读研究生（英国）或当年毕业的研究生（澳大利亚）获取其教学体验评分；[①] 科研体验，即研究生参与科研的体验及科研成果，如英国、澳大利亚每年定期开展的研究生科研体验调查（postgraduate research experience survey），袁本涛等采用的在读研究生对高水平期刊论文的贡献率以及王传毅等采用的在读研究生科研项目参与

① 袁本涛、王传毅、赵琳：《解码研究生科研体验调查：基于澳、英的比较分析》，《现代大学教育》2015 年第 3 期。

率，等等。[①]

三是培养过程满意度，即研究生对培养过程中的环节、制度以及要素投入等方面的满意度。例如周文辉等每年开展的研究生满意度调查，样本覆盖中国逾十万在校研究生。[②]

四是学位论文质量，即硕士、博士的学位论文在规范性、创新性等方面的表现。通常以同行专家评议的方式进行评价，采用学位论文抽检的合格率、优秀率等指标表征学位论文质量的群体性特征。

五是发展质量，即研究生毕业后的职业发展情况，包括研究生的就业率、学用匹配度、在重点企事业单位的就职比例以及平均起薪等。[③]

六是支撑条件质量，即培养单位用于开展研究生培养实践所投入的人力、物力和财力。例如美国国家研究理事会开展的博士项目评估工作，其指标包括师均论文数、著作被引数、师均获奖数以及获科研资助的教师比例等。[④] 武汉大学中国科学评价研究中心每年发布的《中国研究生教育及学科专业评价报告》也主要采用博士生导师数、院士数、科研项目数等指标来评价培养研究生的支撑条件质量

① 王传毅、乔刚：《省域研究生教育质量评价指标体系构建研究》，《研究生教育研究》2017 年第 1 期。

② 周文辉等：《我国研究生教育满意度调查——基于在读研究生的视角》，《学位与研究生教育》2012 年第 12 期。

③ 袁本涛、王传毅：《我国研究生教育结构调整问题研究》，经济科学出版社，2015，第 193～215 页。

④ National Research Council, "A Guide to the Methodology of the National Research Council Assessment of Doctorate Programs," http://sites.nationalacademies.org/PGA/Resdoc/index.html.

情况。[①]

上述六种质量评价方法都从某一方面抓住了研究生教育质量的特征（见表1－1）。然而，这些方法也存在一些不足，亟待改进。

表1－1　不同类型研究生教育质量评价方法的优势

质量评价方法		优势
生源质量		对于选拔优秀的申请者有导向性作用
学习体验质量	课程教学体验	强调知识传授，关注研究生培养过程的结构化程度
	科研体验	强调科研训练，关注研究生科研参与的数量与质量
培养过程满意度		强调教育的服务功能，关注研究生的主体感受
学位论文质量		强调出口把控，关注研究生对知识边界的推动
发展质量		强调教育的社会功能，关注研究生教育与职业发展的匹配
支撑条件质量		简单客观、容易测量、可比性强

（一）生源质量评价

生源质量是研究生培养质量的基础。培养单位往往习惯以生源的院校结构（如来自985/211高校的学生比例）、入学方式结构（如推免生的比例）以及录取分数线等反映生源群体特征的指标作为生源质量的直接评价指标。相关

① 邱均平等编著《中国研究生教育及学科专业评价报告2012—2013》，科学出版社，2012，第3～20页。

学者也尝试将类似的办法运用于研究生招生领域的研究之中，例如，王沛以招录比、上线比、录取率、考生学历层次、学科复试分数线、学科录取平均成绩和专业对口程度构建了研究生生源质量评价指标体系，并利用灰色聚类法实证分析了硕士研究生生源质量。[①] 徐瑾等从考生是否毕业于985/211高校、毕业地区（东部/中部/西部）、最后学历、是否为应届考生、入学考试成绩、是否为第一志愿、是否享受少数民族分数线七个方面评价了研究生生源质量。[②] 徐琳和孙跃东采用描述统计和方差分析对比了985/211高校和非985/211高校的硕士研究生生源质量，评价维度包括考生入学前的就读高校类型、参加研究生入学考试次数、择校最关注的因素、入学前是否参加过科研项目、入学前是否发表过论文和报考目的。[③]

招生考试是研究生教育的起始环节，通过考试选拔出与培养目标相适应的申请人以保证生源质量。目前的研究生教育生源质量评价方法主要存在两大不足：其一，重视群体特征，忽视个体差异，基于群体特征的生源质量评价方式易于操作，方便比较，却忽视了个体之间的差异性，一个个鲜活的生命被简化为冰冷的数字，个体的能力、素质无法得到准确评价；其二，重视考试成绩，忽视非认知能力，依赖初试成绩排名、"以分数论英雄"的现象仍普遍存在，

① 王沛：《基于灰色聚类的研究生生源质量评价方法》，《西安邮电大学学报》2015年第4期。

② 徐瑾等：《一种基于概率图模型的研究生生源质量评价方法》，《云南大学学报》（自然科学版），2011年第S2期。

③ 徐琳、孙跃东：《高校硕士研究生生源与培养质量的相关性研究——基于六所不同层次高校的实证研究》，《研究生教育研究》2012年第3期。

未能全面考察申请人的综合潜力，特别是难以有效评价学术志趣、领导力、团队协作能力、人际沟通等非认知能力。此外，申请人个体的知识素养、能力特征是否与培养单位的培养目标相匹配，生源多样化所带来的创新氛围的价值，这些因素也很少被纳入考虑范畴。因此，创新生源质量评价方法，提升招生工作的有效性，是优化生源质量评价方法的重要方向。

（二）学习体验质量评价

以投入—产出指标为重点的学位点质量评价体系具有较好的合理性基础，强调投入代表了“基于资源的质量观”，强调产出代表了“基于声望的质量观”，然而上述两种质量观最大的局限在于背离了教育的核心职能——人才培养，从而陷入“没有灵魂的卓越”。为此，各国学者进行了如下探索。

美国学者 Austin 提出“基于人才发展的质量观”（quality as talent development），[①] 倡导教育回归学生本位，重视学生的满意度、获得感，以学生的知识生产和能力提升等发展性指标表征培养质量。基于此，越来越多的国家尝试通过开展研究生体验调查，来倾听学生声音，评价培养质量，改进培养过程。目前的研究生体验调查分为全球性调查和国别性调查两类。全球性调查以《自然》杂志两年一度的博士生体验调查为代表。该调查面向全球六大洲的博士生

---

① A. W. Austin, *Achieving Educational Excellence: A Critical Assessment of Priorities and Practices in Higher Education*, Jossey-Bass Publishers, 1985, pp. 58 – 59.

调研其就读经历，从2011年至2021年已进行了五次调查，2019年的调查包括就读满意度、心理健康、职业规划、职业期望、职业支持等方面。

澳大利亚、英国、美国和中国均在本国范围内推行研究生体验调查。澳大利亚教育研究委员会（Australian Council for Education Research，ACER）和毕业生职业生涯协会（Graduate Career Association，GCA）最早于1999年发起研究生科研体验调查。2007年英国高等教育研究院（Higher Education Academy，HEA）将其引入，并与研究生课程体验调查一起作为研究生教育领域的全国性年度调查加以推广。研究生科研体验调查主要关注七个维度：导师指导（supervision）、研究氛围（intellectual climate）、技能发展（skill development）、基础设施（infrastructure）、论文答辩（thesis examination）、目标与期望（goal and expectation）以及整体的满意度（overall satisfaction）。每个方面都采用4~6个问题来考察，并以五级量表（完全同意、同意、中立、不同意、完全不同意）来测量。除了上述七个共同维度，英国高等教育研究院在2013年调查问卷中增加了责任（responsibility）维度，以考察研究生对学习过程中个人、导师以及院系的权责是否了解。①

美国自1957年起开始推行博士学位获得者调查（Survey of Earned Doctorate，SED），侧重描述各年度全美博士生教育的人口特征及变化趋势，问卷调查内容从本科、硕士

① 袁本涛、王传毅、赵琳：《解码研究生科研体验调查：基于澳、英的比较分析》，《现代大学教育》2015年第3期。

等博士前教育经历开始，到攻读博士学位阶段的论文选题、经济资助等关键环节，再到博士毕业后的学习或工作计划，流程化特征明显。此类调查的结果有助于国家整体把握博士生教育的现状和发展动态，以及时调整相关政策，引导博士生教育的良性发展。1999 年，美国在 11 个学科中面向三年级以上博士生开展博士生教育和职业准备调查（survey on doctoral education and career preparation），从在读体验、学位点描述、院系描述、职业规划、教职预期、背景信息六个维度审视博士生视角下的培养质量。一些世界一流研究型大学也积极开展院校层面的问卷调查，如麻省理工学院自主实施的博士生离校调查（doctoral student exit survey），题目类型灵活多样，在全国性调查的基础上还增加了对导师指导、研究氛围、专业发展等培养过程的考察。

可以说，聚焦研究生就读经历中的关键环节以评价研究生教育质量的做法已取得全球共识，但如何有效挖掘形式多样的就读体验数据背后的质量信息是下一步需要重点解决的问题。虽然从研究设计的角度貌似可对研究生培养各维度进行深度测量，但实际操作过程却面临重重困境：首先，个人应该掌握的能力数不胜数，究竟提升学生的哪些能力才是研究生阶段教育的独有功能？其次，随着高深知识的专业化程度日渐加深，传统过度依赖主观的感知和报告来判断培养过程质量的方式可能存在评价标准不一、可比性差等局限。如此种种，不一而足。

（三）培养过程满意度评价

满意度评价是基于顾客导向的视角，将研究生视为教育服务的消费者，让研究生对教育服务质量进行评价的主要方法。我国国务院学位委员会主办的期刊《学位与研究生教育》每年组织开展“全国研究生满意度调查研究”，针对课程教学、参与科研工作、指导教师、研究生管理服务及学校研究生教育开展总体满意度评价，针对课程体系合理性、课程前沿性、教师教学方法、教师教学水平、导师学术水平、导师道德修养、导师指导频率、导师指导水平、奖学金制度、“三助”岗位设置、图书馆、食堂、住宿、学生管理、学术交流机会及就业指导与服务开展专项满意度评价。评价量表设“非常不满意”、“不太满意”、“一般”、“比较满意”及“非常满意”5级，分级赋分。

该调查研究从2012年至2021年已开展了10年，参与调查的研究生培养单位和有效样本数由最初的35个7293人增长至2021年的110个66471人。十年来研究生总体满意度呈上升趋势，从2012年的63.1%上升到2021年的78.9%。[①]该调查对于摸清我国研究生教育优势、短板，监测研究生培养过程具有较好的参考价值。

然而，满意度评价本身也在方法论上存在若干问题：一是满意度作为测量研究生培养质量的指标，信度有限，让学生满意的课程，不一定“干货满满”，让学生“神经紧绷”“压力感爆棚”的课程，不一定让学生满意；二是满意度的可比性较弱，每个研究生对自己所经历的教育过程、培养院校进行满意度评分，“各评各家”的计分方式较为主

① 周文辉等：《2021年我国研究生满意度调查》，《学位与研究生教育》2021年第8期。

观，“裁判”不一样，“运动员”也不一样，很难建立起具有可比性的机制；三是满意度非常容易受到社会称许性的影响，例如受中国“尊师重道”的传统文化的影响，研究生一般不会对导师做出负面评价。

（四）学位论文质量评价

学位论文质量评价是对研究生能力素质水平进行整体把握的重要方法。对于硕士教育而言，学位论文的质量是判断学位申请者是否在本门学科上掌握坚实的基础理论和系统的专门知识、具有从事科学研究工作或独立担负专门技术工作能力的重要维度；对于博士教育而言，学位论文的质量是判断学位申请者是否在本门学科上掌握坚实宽广的基础理论和系统深入的专门知识、具有独立从事科学研究工作的能力以及能否在科学或专门技术上做出创造性成果的重要维度。

单篇学位论文的质量评价，往往交给同行专家，以不同形式的同行评议来完成。在中国，学位论文的同行评议具有严格的制度设计，包括“三重保险”：获得学位之前，一般包括以盲审为主的专家通讯评议和以答辩形式进行的专家现场评议两个环节，相当于对学位论文质量的两次评价；获得学位之后，政府还委托第三方组织按照一定比例进行抽检，相当于对学位论文质量的第三次评价。无论是哪一环节的同行评议，均要求从规范性和创新性等维度对学位论文做出判断。以中国教育部学位与研究生教育发展中心所组织的通讯评议为例，其论文质量评价指标分为“选题与综述”“创新性与论文价值”“基础知识与能力”“论文规范性”四项，各指标的评价要素见表 1－2。每位受邀的评议专家将依据评价指标和评价要素，针对相关论文，给出“优秀”“良好”“一般”“较差”的评级。

表 1－2 博士学位论文通讯评议的指标体系

评价指标	评价要素
选题与综述	选题的前沿性和开创性，对推动学科发展的意义；研究的理论意义、现实意义；对国内外该选题及相关领域发展现状的归纳、总结和评价情况
创新性与论文价值	对学科专业发展的贡献，对有价值现象的探索，新命题、新方法的提出，新材料的运用；对解决社会发展的重要理论问题和现实问题的作用；论文及成果对文化事业的发展和社会进步的影响和贡献
基础知识与能力	论文体现的学科理论基础坚实宽广程度和专门知识的深入程度；论文研究方法的科学性、引证资料的翔实性；论文所体现的作者独立从事科学研究的能力
论文规范性	引文的规范性；学风的严谨性；论文结构的逻辑性；文字表述的准确性、流畅性

资料来源：依据教育部学位与研究生教育发展中心论文抽检评议表格整理得到。

对于一个学科、一家培养单位的学位论文质量，往往以学位论文抽检后，同行评议结果的优秀率、合格率等指标进行衡量。

但学位论文质量评价采用的同行评议方式也存在一些不足：一是随着知识分化和交融程度越来越深，越来越多的研究面临“同行难觅”的尴尬，学位论文往往交于“大同行”之手开展评议工作，但“大同行”对论文本身的研究内容、研究方法以及创新之处等并不充分了解，甚至一些同行囿于学科传统，还可能有抑制新观点、新方法的倾向；二是同行评议的信度仍有提升空间，不同的评阅专家对同一篇论文可能会有不同的看法，因此不同的论文评议结果可比性较弱；三是从成本上考虑，同行评议成本较大，特别是对于大批量论文的处理，需要耗费大量资源。

（五）发展质量评价

发展质量评价是以毕业生的就业及职业发展状况为观测点，对培养质量进行回溯性评价的重要方式。这一方式目前在全球范围内得到广泛应用。

通过问卷调查的方式追踪毕业生职业发展情况是国外评价就业质量、提高培养质量的重要举措。美国研究生院理事会（Council of Graduate Schools，CGS）专门发布报告《追踪博士职业发展 提高学位点培养质量》来论述就业追踪调查在促进博士生教育系统和劳动力市场需求之间有效衔接中的重要作用。美国每年都会进行博士学位获得者调查，收集博士毕业生的毕业去向、职业分布、平均薪资等信息。在美国国家科学基金会和安德鲁·W. 梅隆基金会的资助下，美国研究生院理事会也启动了一项为期三年、面向29所博士学位授予机构的博士毕业生和校友的职业路径调查。澳大利亚社会科研中心在该国教育与培训部的资助下，从2016年开始进行全国范围内的博士毕业生情况调查，这一调查整合了之前由国家职业协会牵头开展的研究生毕业去向调查和薪资调查，调查内容涵盖博士毕业生的就业率、就业分布和薪资水平。为全面反映英国高等教育系统和毕业生劳动力市场的最新变化情况，英国高等教育统计局也于 2017 年启动该国的毕业生结果调查。[①] 德国的 KOAB 项目始于 2007 年，是由 INCHER 发起并与德国各高等院校共建的毕业生就业跟踪调查研究网络，目前有 80 多所德国高校参与其中。KOAB 项目对参与研究的各高校博士毕业生就业情况进行跟踪调查，包括毕业 1～2 年后和 4～5 年后两个时间节点，利用 KOAB 项目搜集的数据，参与研究的高校可在德国成熟、多样化的高等教育体系内选择同类型的院校作为基准，进而评估自身的优劣态势。[②]

国内学者主要使用就业起薪、学用匹配度和就业满意度三个指标评价就业质量。依托北京大学教育学院开展的“全国高校毕业生就业状况调查”，于菲等分析了 2017 届研究生的就业质量。分析结果显示：在就业起薪方面，全体研究生月起薪均值为 8730 元（税前），且不同学位类型研究生的月起薪存在明显差异，博士生的月起薪均值达到 10774 元，学术型硕士生的月起薪均值为 8824 元，专业型硕士生的月起薪均值为 8118 元；在学用匹配度方面，94.7% 的研究生认为其所从事的工作与所学专业对口或有关联，具体来看，学术型硕士生中认为自己的工作与专业相匹配的比例最高，达到 95.3%，博士生次之，为 95.1%，即使是匹配度相对较低的专业型硕士生，这一比例仍达到 93.2%；在就业满意度方面，82.5% 已确定就业单位的研究

① 高耀、杨佳乐：《博士毕业生就业歧视的类型、范围及其差异——基于 2017 年全国博士毕业生离校调查数据的实证研究》，《学位与研究生教育》2019 年第 3 期。

② 包艳华等：《基于国际比较视角的高校毕业生就业跟踪调查机制探析》，《中国大学教学》2018 年第 7 期。

生对自己的工作总体感到满意，具体到不同研究生群体，博士生群体的总体工作满意度最高，满意率达到90%，其次是专业型硕士生，满意率为84.2%，学术型硕士生的满意率最低，仅为80.8%。[①] 中国教育部直属高校自2014年起开始编制和发布年度毕业生就业质量报告，披露毕业生就业信息。基于就业质量报告数据，学者们主要从总体就业率、就业去向分布、就业单位分布、就业地域分布及就业行业分布情况等方面展示研究生就业状况，以此反映各单位研究生培养质量。

毕业生的职业发展情况是反映研究生教育质量的重要视角之一，只有不断完善毕业生就业质量反馈机制，形成就业情况与招生计划、资源配置、人才培养等环节的联动机制，才能进一步提升研究生教育质量水平。但一方面，职业发展是一个长期动态的过程，评价就业质量具有较大的难度和复杂性；另一方面，研究生就业以及职业发展除了与个人的能力素质及专业水平有关，还受到诸多变量影响，例如个人的家庭背景、科研网络以及一些偶然性事件。因此，本书认为就业及职业发展仅可作为研究生培养质量的参考，不宜过度使用，也不作为本书讨论的内容。

（六）支撑条件质量评价

支撑条件质量评价是对在研究生培养过程中所投入的人力、物力、财力资源以及承担研究生培养的学位点质量

---

① 于菲等：《我国研究生就业状况实证研究》，《学位与研究生教育》2019年第6期。

进行评价的方法。一方面，由于所投入的人力、物力、财力资源能体现学位点质量水平，因此在对学位点质量的实际评价中，往往需要纳入各类投入要素，作为评价指标；另一方面，由于我国学位点往往依托一级学科或专业学位类别设立，因此在某种意义上，学位点质量评价与学科评估、学科排名等具有现实情境的一致性。本节将主要对以学位点质量评价作为支撑条件质量评价的主要方法进行简要介绍。

国内由政府主导的学位点质量评价有多种形式，如国务院学位委员会办公室在处理学位点申请时所实施的学位授权审核制度，就建立在学位点质量评价之上。2020 年发布的修订后的《学位授权点合格评估办法》提出，学位点设置之后的 3 年将进行专项的合格评估，以保障办学质量；每 6 年进行一次周期性的合格评估，以持续监测质量。此外，教育部学位与研究生教育发展中心开展的学科评估，也是学位点质量评价的一种形式，所不同的是后者所依托的是一级学科在同类学科中的档次和排名，至 2021 年已完成四轮评估。2016 年，第四轮学科评估指标体系最初分为“学术队伍”“科学研究”“人才培养”“学术声誉”四个一级指标，后调整为“师资队伍与资源”“人才培养质量”“科学研究水平”“社会服务与学科声誉”，淡化了对论文数量、人才“帽子”以及科技奖励的考查，强调对人才培养质量、师资队伍整体结构以及科学研究质量的考查。2020 年，第五轮学科评估启动，此次评估坚决破除“五唯”顽疾，在评估整体导向上突出质量、贡献和特色。

国外对于学科的评价方式可分为三类。第一类是单项评价，主要基于 Web of Science 或 Scopus 两大论文数据库，以发文数量和被引次数作为基础性指标，通过计算相关衍生性指标所形成，如以 ESI（Essential Science Indicator）排名为例，其指标有三：论文数、总被引数和篇均被引数。此外还包括高被引论文和热点论文。第二类是综合评价，在论文数及被引数基础上纳入杰出校友、国际化、声誉等指标加权而成，以美国新闻与世界报道排名（U. S News & World Report）、泰晤士世界大学学科排名（Times World University Rankings by Subject）、QS（Quacquarelli Symonds）世界大学学科排名以及上海软科世界大学学术排名（Academic Ranking of World Universities）为代表。第三类是多维评价，在人才培养、科学研究、社会服务等维度纳入尽可能多的指标，如教学与就业环境的联系程度、学习满意度、课程组织、以研究为导向的教学等，由任一个体选择关注的指标进行自主排名，以欧盟多维全球大学学科排名（U-Multirank）为代表。

学位点质量评价是研究生教育质量评价的重要组成，研究生教育内涵式发展离不开优质充裕的人力、物力、财力支撑，资源条件是改革发展重要的保障。然而一方面，仅仅重视既定时点的学位点质量水平，不去把握学位点各构成要素的结构关系，难以支持学位点质量的持续提升，也难以帮助研究生培养过程持续优化。另一方面，从现实经验来看，学位点质量的历时性特征难以捕捉，其原因有二：一是成本问题，共时性质量评价的数据获取成本较低；但积累历时性质量评价数据需要耗费更多的人力和时间成本；二是可比性问题，共时性质量评价不涉及时间变化，可比性问题更容易处理；而随时间变化的历时性质量评价则复杂得多，不同指标的量级不同、变化幅度不同，保证可比性也成为亟待攻破的难题。此外，由于学位点质量评价中大多采用相对容易衡量的投入和产出指标，对中间的培养过程关注较少，因此往往形成中间轻两端重的“哑铃型”质量评价模式，致使研究生培养过程中科研参与、学位论文撰写等关键环节成为“黑箱”。

三　评价方法的守正创新

上述六种评价方法虽存在一定局限，但目前却被广泛应用于研究生教育质量的评价领域。其原因在于，教育质量测量的艰难，使得评价者格外珍惜已有的测量工具。况且已有的评价方法也确为研究生教育质量保障和基于质量水平的资源分配提供了切实可行的解决方法。故本书将在已有的质量评价学术研究及实践探索基础上，进行深入反思，在关键处落子、重点处突破，尝试守正创新，进一步丰富研究生教育质量评价的“方法丛林”。

在生源质量评价方面，本书认为，应当对申请者过往学习经历、当下考试成绩、未来学术潜力进行全面审核（holistic review），更加关注个体的知识能力与培养目标的匹配度，更加关注评价影响研究生学业成就的非认知能力，从而更为科学有效地选拔人才。故第二章“生源质量评价：从标准化测试到全面审核”全面分析了以标准化测试评价生源质量的弊端；梳理了测量申请者非认知能力的主要方法；介绍了全面审核和科学评价生源质量的实施方法及中国 X 大学开展全面审核实践中的操作方案。

在培养质量评价方面，本书赞同美国学者 Austin 提出的“基于人才发展的质量观”，重视学生的获得感，以学生的知识生产和能力提升等发展性指标表征培养质量。因此，第三章“培养质量评价：聚焦在学关键环节”系统分析了测度培养质量的三种方法：一是基于过程的视角，以问卷方式调查研究生对培养过程中导师指导、科研参与等关键环节的直观体验；二是基于结果的视角，以问卷方式调查研究生在经历培养过程之后，自我报告的能力提升；三是基于客观行为的视角，以合著论文为观测点考察研究生在关键环节之一科研活动中的参与程度和质量。

在学位论文质量评价方面，本书从论文的引文信息角度切入，考察学位论文对后续学术研究的重要影响。本书认同文献计量学的基本观点：科学知识具有明显的累积性和继承性，任何新的学科和新的技术都是在原有学科和技术的基础上分化、衍生出来的。学位论文的学术贡献大小体现在其对知识生长所起的推动作用的大小上。从操作层面来看，学位论文的被引情况，特别是被高水平论文的引用情况，直接反映了学位论文对于知识生长的推动作用。因此，第四章“学位论文质量评价：基于学术贡献的文献计量”充分考虑引证文献的层次性特征，将学位论文的学术贡献分为直接影响和间接影响，并实证测量了直接影响、间接影响及总影响大小。此外，也借鉴相关学者对参考文献位置及对应作用的研究，提出了进一步在更细的颗粒度上计量学位论文学术贡献的新思路。

为反映质量的动态变化，本书将构建共时性和历时性同时可比的评价指标体系，并通过统计指数的方法进行呈现。第五章“质量的动态评价：统计指数的应用”从国际对比的角度，提出评价支撑条件质量的四“力”维度：一是资源支撑力，即一国为研究生教学以及科研训练所投入的资源数量及质量；二是国际竞争力，即一国相较于其他国家，其国内研究生教育的吸引力和竞争力；三是社会贡献力，即研究生对本国经济社会发展所做的贡献；四是大师培养力，即培养出的推动人类科学进步的学术大师的数量。通过若干国际可比的指标对四“力”维度进行定量测度，考察不同国家研究生教育质量的共时性水平及其历时性变化。

第二章　生源质量评价：从标准化测试到全面审核*

标准化测试是研究生招考中评价生源质量的重要方法，以客观、可比的方式对申请者进行选拔。测试分数是决定申请人能否步入研究生生涯的重要依据。然而，标准化测试也存在一些明显问题：一是可能会弱化对申请者个性的关注，不利于研究生群体的多样性；二是整齐划一的评分可能会抑制创新，不利于具有创新潜质的申请人脱颖而出；三是不利于对非认知能力的考察，而非认知能力在研究生学业生涯中将起到关键作用。

基于此，综合考察申请者过往学习经历、当下学习发展状态、未来学术潜力的全面审核成为研究生生源质量评价改革的重要方向。全面审核一方面更加关注个体的知识

* 本章部分内容曾刊发于《研究生教育研究》2017 年第 5 期（王传毅、程哲：《研究生招生考试中“非认知能力”的测量：概念、实践与展望》）和《研究生教育研究》2019 年第 4 期（杨佳乐、王传毅：《研究生招考中综合审核何以实现——来自美国的经验》）。

能力与培养目标的匹配度，另一方面更加关注评价申请人的非认知能力，从而有助于科学有效地选拔人才，促进生源质量与培养质量、就业质量的有机衔接。

本章第一节分析标准化测试在研究生招生选拔中的优势与不足；第二节提出如何有效测量申请者的非认知能力，把握人才选拔的有效方法；第三节介绍全面审核科学评价生源质量的实施方案；第四节则以 X 大学博士“申请—审核”制改革为案例，呈现实施全面审核的经验探索。

一　标准化测试：变了质的“奶酪”？

（一）标准化测试的基本概念

标准化测试（standard test）是指根据统一、规范的标准，对考试各个环节包括测试目的、命题、施测、评分、计分、分数解释等都按照系统的程序组织，从而严格控制误差的考试方式。标准化测试产生于 19 世纪末 20 世纪初的美国，由三股源流汇集而成：①德国的实验心理研究；②英国关于心理个别差异的研究；③法国关于诊断异常儿童智力的研究。以上三股源流，加上美国“量化个人能力以代表个人价值”思想的促进，使得标准化测试得以蓬勃发展。

第二次世界大战后，作为一种相对科学、客观地评价学生学业进步的方式，标准化测试得到了广泛传播。起初标准化测试以学生自愿参加，或以只在学生群体中进行抽样测验的形式展开，目的是让教师更好地了解每个学生的学习情况，而不是通过增加问责的方式来改善课堂的教学活动。从20世纪80年代早期开始，美国各州都增加了对标准化测试的应用。这时测验开始逐渐与各州的课程标准联系在一起，通过增加监督和问责的方式来提高教育质量。1983年美国加利福尼亚州立法机构启动了一个新项目——对那些在标准化测验中取得进步的学校进行认证或提供资金奖励。这一政策促进了一种新绩效制度的产生，即学生成绩的提高与否与学校自身的利益相关。自20世纪90年代以来，美国教育系统经历了一系列改革，这些改革以提高学校教育的质量与效益为主导，追求学生标准化测试成绩优异成为改革后学校的主要目标之一。例如，1991年4月18日布什总统颁布的《美国2000年教育战略》强调研制全美标准化成绩测试系统，并敦促大学在录取新生时和雇主雇用职员时考虑该项成绩；1994年3月31日克林顿总统签发的《2000年目标：美国教育法》也提到要制定国家学术标准。

（二）标准化测试的优势与不足

标准化测试的优势表现在以下五个方面。第一，标准化测试是可问责的。这主要因为测试分数会成为公开记录，而那些表现不达标的老师和学校会被追责，严重时教师会面临失业，学校也可能被关停。第二，标准化测试是可分析的。标准化测试的应用使得不同培养单位学生成绩的比较成为可能，能够准确地对标分析数据是标准化测试受到推崇的重要原因之一。第三，标准化测试是结构化的。这种考试伴随着一套既定标准或指导课堂学习和考试准备的教学框架，此类渐进式方法通过创建常模来衡量学生在一段时间内的学业进步情况。第四，标准化测试是客观的。标准化测试通常由计算机或不直接认识学生的人进行评分，从而消除个人偏见影响评分的可能性。测试内容是由专家开发的，每个问题都经过严格筛选来确保其有效性和可靠性。第五，标准化测试可为后续统计分析提供基础数据。测试产生的数据可以根据既定的标准或因素进行组织，如种族、社会经济地位和其他特殊需要。这种方法能够为研发目标项目和强化学生学业表现提供数据支撑。

但与此同时，标准化测试也招致诸多批评。其一，标准化测试是呆板的。有些学生可能在课堂上表现出色，但在标准化测试中却表现不佳，因为他们不熟悉考试形式或产生了考试焦虑。此外，家庭冲突、身心健康问题以及语言障碍等都会影响学生的标准化考试成绩，而标准化测试不考虑这些个人因素。其二，标准化测试会抹杀创新。标准化测试导致许多教师为了考试而教学，这意味着他们只把教学时间花在考试中出现的材料上，这种做法缺乏创造力，会阻碍学生整体学习能力的发展。其三，标准化测试无法衡量真正的进步。学生的表现应该根据年度成长情况来评估，而标准化测试只评估一次性的成绩。其四，标准化测试会带来压力。老师和学生都感受到来自考试的压力。对教师来说，学生学业表现不佳可能会导致资金损失甚至失去工作；对学生来说，一个糟糕的考试分数可能意味着与心仪的学校失之交臂。其五，标准化测试可能带有政治色彩。由于不同类型的学校都在争夺同样的公共资金，政客和教育工作者越来越依赖标准化测试成绩。一些标准化测试的反对者认为，学生学业成绩差的学校可能会受到政客们的不公平对待，如以学业成绩为借口来推进自己的政治议程等。[①]

传统的研究生招生考核方式过于倚重科研成果和考试成绩。美国研究生院理事会 2015 年研究生就读周期调查结果表明，学术成果证明材料和 GRE、GMAT、LSAT 等标准化测试成绩在硕士、博士申请材料初筛阶段均占有较高的比重（见表 2－1），但这种“以学为标”的评价方式过于单一且效果有限。已有研究证实，研究生入学前的科研经历、标准化测试成绩、学分绩点等与其日后的科研生产力的关联并不显著，反而是专家推荐信能够有效预测学生的科研产出。[②] Moneta-Koehler 等的研究发现，GRE 成绩既无法有效预测博士生是否能顺利通过资格考试或获得学位，也无法有效预测其科研生产力。[③] 美国教育考试服务中心（Educational Testing Service，ETS）主导的“地平线”项目[④]以及 Kuncel 等开展的元分析[⑤]均表明，要提高 GRE 考试对研究生学业成就的预测效度还必须加入对非认知能力的考量。

---

① Derrick Meador，“Examining the Pros and Cons of Standardized Testing，” https://www. thou-ghtco. com/examining-the-pros-and-cons-of-standardized-testing－3194596?print.

② J. D. Hall et al.，“Predictors of Student Productivity in Biomedical Graduate School Applications，” *PLoS One*，Vol. 12，No. 1，2017，pp. 1－14.

③ L. Moneta-Koehler et al.，“The Limitations of the GRE in Predicting Success in Biomedical Graduate School，” *PLoS One*，Vol. 12，No. 1，2017，p. e0166742.

④ P. Kyllonen et al.，“Noncognitive Constructs and Their Assessment in Graduate Education：A Review，” *Educational Assessment*，Vol. 10，No. 3，2005，pp. 153－184.

⑤ N. R. Kuncel et al.，“A Comprehensive Meta-Analysis of the Predictive Validity of the Graduate Record Examinations：Implications for Graduate Student Selection and Performance，” *Psychological Bulletin*，Vol. 127，No. 1，2001，pp. 162－181.

表 2－1　各申请材料在研究生招生初筛阶段的重要性

单位：%

申请材料	硕士	博士
学术成果证明材料	77	71
GRE、GMAT、LSAT 成绩	56	62
推荐信	53	57
CAE、TOEFL 成绩	52	47

资料来源：2015 CGS Graduate Student Life Cycle Survey。

此外，标准化测试背后“唯分而论”的导向也可能扼杀生源多样性，抑制创新力。学生群体的多样性是创新力的重要来源，生源多样已成为研究生招生环节的普遍诉求。而女性、少数族裔①以及大龄学生②等群体在标准化测试中往往处于劣势地位，如 ETS 公布的数据显示，白人的 GRE 考试成绩通常比黑人高 18%～32%，③ 即“唯分数论英雄”的传统招考方式容易造成对上述弱势群体的“隐性歧视”，从而损害生源多样性，给创新力的激发带来负面影响。除 GRE 等标准化测试的成绩外，美国研究生招录还要求学生取得一定水平的语言成绩，如 TOEFL 等。对母语为非英语的研究生而言，语言成绩不佳则可能致使招生委员会成员错误地将其排除在录取名单之外，而不论其是否具备其他

---

① C. W. Miller and K. A. Stassun, “A Test that Fails,” *Nature*, Vol. 510, No. 7504, 2014, pp. 303－304.

② G. H. Awad, “The Role of Racial Identity, Academic Self-Concept, and Self-Esteem in the Prediction of Academic Outcomes for African American Students,” *Journal of Black Psychology*, Vol. 33, No. 2, 2007, pp. 188－207.

③ Educational Testing Service, “GRE General Test Score Information by Ethnicity/Racial Groups, 2009－2010,” https://www.ets.org/s/gre/pdf/gre_general_test_score_information_by_ethnicity_2009_2010.pdf.

天赋，[①] 这也从一个侧面扼杀了生源多样性。鉴于标准化测试的种种弊端，以全面审核取代标准化测试的呼声日趋高涨。相比传统招考方式，全面审核通过加大对申请者非认知能力的考察，能够很大程度上克服以学习成绩为核心筛选标准导致的无效预测和选择偏差等弊端，因而受到推崇。

二 非认知能力测量：有效选拔人才的关键

（一）非认知能力的基本概念

标准化测试最为人诟病之处是忽视了对申请者非认知能力的评价。何为非认知能力呢？依据美国心理学家 Alexander 的观点，非认知能力是指对人们的行为活动产生影响，但并不包含在认知能力、专业水平两大范畴内的心理因素。诸如创造力、责任心、职业道德以及行为动机等都属于非认知能力的范畴。[②] 当与既定的行为或实践联系在一起时，非认知能力具有较为明确的特定指向。在劳动经济学领域，有学者从影响职业发展的角度将非认知能力分为沟通能力、动机、合作能力、领导能力和创造能力；[③] 在人力资源管理

① S. G. Nadelson, "Inside Graduate Admissions: Merit, Diversity, and Faculty Gatekeeping," *The Journal of Educational Research*, Vol. 111, No. 1, 2018, p. 125.

② W. P. Alexander, "Intelligence, Concrete and Abstract: Note," *British Journal of Psychology*, Vol. 19, No. 1, 1938, p. 74.

③ G. Brunello and Martin Schlotter, "Non-Cognitive Skills and Personality Traits: Labour Market Relevance and Their Development in Education & Training Systems," *Social Science Electronic Publishing*, Vol. 1, No. 1, 2011, pp. 62 - 67.

领域，有学者依据是否影响农村青年获得工作机会，将非认知能力分为思维方式、沟通能力与处事能力；[①] 在军事学领域，有学者依据选拔军人的标准，将非认知能力分为避免消极行为的能力、领导能力、管理能力；[②] 在教育学领域，有学者从影响学生学业成就的角度将非认知能力分为学生的投入度和学习策略。[③]

在高等教育领域，一项与研究生招生选拔密切相关的研究值得关注。Oswald 和 Schimitt 在 2004 年开展了一项针对 35 所高校的调研，致力于回答“什么样的本科生具有学术潜质”这一问题。研究发现，具有学术潜质的本科生大多拥有十二项能力，包括知识获取能力、持续学习的兴趣与好奇心、艺术文化欣赏力、多元文化的包容力、领导力、人际交往能力、社会责任感、身心健康、职业倾向、适应生活能力、毅力和伦理观。其中，属于非认知能力范畴的包括持续学习的兴趣与好奇心，即寻求新观点和新技能的积极性；领导能力，即与他人协作、激励他人、作为团队的代表，并担任管理角色的能力；人际交往能力，即与他人相处和沟通的能力；适应生活能力，即对环境的适应能力，对突发变化的处理能力以及对每天工作核心问题的计

① Paul Glewwe et al. , “Cognitive Skills, Non-Cognitive Skills, and the Employment and Wages of Young Adults in Rural China,” http://ageconsearch.umn.edu/bitstream/103407/2/Huang.pdf.

② J. P. Campbell, “An Overview of the Army Selection and Classification Project (Project A),” *Personnel Psychology*, Vol. 43, No. 2, 1990, pp. 231 - 239.

③ Jiyun Lee and Valerie J. Shute, “The Influence of Noncognitive Domains on Academic Achievement in K - 12,” http://www.ets.org/Media/Research/pdf/RR - 09 - 34.pdf.

划能力；毅力，即对自己目标的坚守能力。①

综上，非认知能力的外延就像一个庞大的舞台，当不同研究者将各自研究目的作为“聚光灯”投向舞台时，所看到的舞台场景可能有所不同。在一个场景，产生影响的可能是领导能力；在另一个场景，产生影响的也许是沟通能力。简言之，非认知能力的确定与测量具有很强的“场景依赖性”，既依赖于研究目的这盏“聚光灯”，也依赖于研究者本人的主观“投向”。

（二）非认知能力的内涵

近三十年来，一些学者专门致力于考察影响研究生学业成就的非认知能力。早在 1989 年，Enright 和 Gitomer 就对多位著名学者和导师进行调查，探索影响研究生学业成就的重要指标，发现有七项能力最为关键：沟通能力，即与他人分享观点、知识和视野的能力；创造力，即构建新颖想法的能力，也包括学者对事物的兴趣和批判性能力；解释能力，即对现象或结论给予推理和归因的能力；动机，即对所从事工作所展示出的兴趣、参与和责任水平；计划能力，即为实现目标制定规划并予以实施的能力；专业化能力，即在特定的工作或社交场合展示个人专业水准的能力；综合能力，即将不同专业知识进行关联并整合的能力。其中，沟通能力、动机、计划能力以及专业化能力被作者

---

① F. L. Oswald et al.，“Developing a Biodata Measure and Situational Judgment Inventory as Predictors of College Student Performance,” *Journal of Applied Psychology*, Vol. 89，No. 2，2004，p. 187.

归属为非认知能力。[①]

2000 年，ETS 的研究员 Kyllonen 等人针对不同培养机构的院长和教师进行多轮开放性访谈和问卷调查，以了解“成功”的研究生所具有的特质。调查过程中，非认知能力被反复提到，包括毅力、沟通能力和领导能力等。专家们一致认为，研究生的非认知能力的重要性甚至高于其所接受的专业能力。[②] 2000 年后，ETS 启动了一项大型研究项目——“地平线”项目，该项目致力于提高研究生招生考试的信度和效度，为研究生申请者的选拔提供科学依据。基于此，ETS 的一些研发人员与相关研究机构建立联系，携手开展系列研究。Walpole 等人基于对 GRE 用户的深度访谈发现，能够有效预测研究生学业成就的变量包括人际交往能力、沟通能力、毅力、个人性格和价值观（其中包含开放度、诚实度、可信赖程度）以及责任心等。但目前这些变量并未被 GRE 有效地测量。[③]

2005 年，ETS 的研究员 Kyllonen 等人对研究生教育领域中的非认知能力进行了全面分析，他们认为非认知能力包括三大类型：①性格变量，又包括外向程度、情感稳定性、亲和性、责任心等；②态度变量，又包括自我认知、自我效能、动机、归因、兴趣和社会价值观；③准认知变

---

① M. K. Enright and D. Gitomer, “Toward a Description of Successful Graduate Students,” *ETS Research Report Series*, Vol. 30, No. 4, 1989, pp. 362 – 377.

② Patrick C. Kyllonen et al., “The Role of Noncognitive Constructs and Other Background Variables in Graduate Education,” http://www.ets.org/Media/Research/pdf/RR – 11 – 12.pdf.

③ MaryBeth Walpole et al., “Selecting Successful Graduate Students: In-Depth Interviews with GRE © Users,” http://www.ets.org/Media/Research/pdf/RR – 02 – 08 – Walpole.pdf.

量，又包括创造力、情商、认知方式和元认知。[①] 他们指出这些非认知能力应在研究生招生考试中被重点关注。2012年，Kyllonen 等人再次提出应着重考查考生的非认知能力，包括创新力、沟通技能、团队合作能力、毅力和韧性、计划和组织能力、道德和诚信。[②] 美国研究生院理事会同年发布的报告《前方之路：美国研究生教育的未来》将上述能力统称为"软技能"（soft skills），并提出重视"软技能"的培养和考察有助于研究生更好地适应劳动力市场需求。[③]

除了 ETS 的研究员，非认知能力研究领域的著名学者 Sedlacek 也曾在其 2005 年出版的专著《战胜挑战：高等教育领域的非认知评价》中提出高等教育领域（含研究生教育）的八项非认知能力（见表 2－2）。

表 2－2　Sedlacek 提出的八项非认知能力

序号	变量	内涵
1	积极的个体观	表现出自信、坚强、果断和独立
2	实事求是的自我评价	认识和接受自己的优缺点并努力致力于个人发展，特别在学术方面；认识到个性拓展的必要性

① "Measurement of 21st Century Skills Within the Common Core State Standards," https://www.ets.org/research/policy_research_reports/publications/paper/2012/jvhx.

② Patrick C. Kyllonen et al., "The Role of Noncognitive Constructs and Other Background Variables in Graduate Education," http://www.ets.org/Media/Research/pdf/RR－11－12.pdf.

③ C. Wendler et al., *The Path Forward: The Future of Graduate Education in the United States*, Educational Testing Service, 2012, p. 71.

续表

序号	变量	内涵
3	理解如何处理种族问题	在个人种族经验的基础上形成对种族制度的现实主义观点；致力于对现存种族制度的错误提出解决方法，方法既具可行性又不会造成社会伤害；拥有解决种族歧视的能力
4	不拘泥于短期需求，目光长远	不沉浸于已有成就，能提前安排和规划目标
5	能够寻求有力支持者	拥有强有力的社会网络；陷入危难之时能获得他人的鼓励和支持
6	成功的领导经验	在既定领域展现出强大的领导能力
7	社区服务能力	参与并融入所在社区
8	既定领域的知识获取能力	在既定领域能持续地获取知识

资料来源：W. E. Sedlacek，*Beyond the Big Test*：*Noncognitive Assessment in Higher Education*，Jossey-Bass，2005，pp. 80 – 81。

结合已有研究，影响研究生学业成就的非认知能力可以归纳为以下八条：①沟通能力，即与导师、同行分享知识的能力，在各类情景中清晰并明智地表达个人观点的能力，善于倾听并抓住关键信息；②规划能力，即制定研究生学业目标，并为目标实现寻求支持和配置资源的能力；③社会适应性，即对所在环境的适应能力，对学习、生活中所遇的不均衡状态的处理能力；④责任心，即对研究生学习和工作负责的态度；⑤人际交往能力，即与导师等学术团体人员交流的能力；⑥领导力，即激励他人、作为团队的代表，并担任管理角色的能力；⑦团队合作能力，即与他人合作完成各类任务的能力；⑧内驱的学习动机，即由对知识的渴求和探究的兴趣所驱动的学习的动力。

（三）非认知能力的测量方法

1. 量表测验

量表测验广泛用于对学习动机、人格特质以及创造力的测量，其主要做法有：①让被申请者填答已通过信度和效度检验的量表；②计算申请者在各维度填答的得分；③将申请者填答的得分与常模进行总分和分项对比；④确定申请者非认知能力的得分水平。

当前测量动机的量表中具有代表性的包括成就动机量表（The Achievement Motive Scale，AMS）、工作与家庭取向量表（Work Or Family Orientation，WOFO）和成就动机问卷（The Achievement Motivation Inventory，AMI）。这些量表主要采用自陈报告的方式进行调查，信度、效度较高。以成就动机量表为例，被测者依据自身实际情况对选择题进行回答（题目示例：面临我没有把握克服的难题时，我会非常幸福、快乐）。被调查者从选项“非常符合”、“比较符合”、“比较不符合”和“非常不符合”中进行选择，不同选项赋有不同得分（依次赋 4 分、3 分、2 分和 1 分）。通过将类似题目进行分值统计并与常模对比，从而得到被调查者的成就动机水平。

当前测量人格特质的量表中具有代表性的包括艾森克人格问卷（Eysenck Personality Questionnaire）、卡特尔 16 - PF 人格问卷（Cattell’s 16 Personality Factor，16PF）和大五人格量表（The Big Five Personality Test）。以大五人格量表为例，它主要测量人的外向性、友善性、谨慎性、情绪稳定性和开放性。被测者也是依据自身情况对题目选项进行选择（题目示例：我不是一个容易忧虑的人；有时候我感到愤怒，充满怨恨）。

当前测量创造力的量表中具有代表性的包括托兰斯创造性思维测验（Torrance Tests of Creative Thinking，TTCT）以及远距离联想测验（Remote Associates Test，RAT）。[①] 以远距离联想测验为例，被测者将回答相关问题（题目示例：给你三个词语：时间—头发—弹力，请选择你第一时间想到的下一个词语）。此类测验使用普遍，但存在预测信效度不足的问题，且需要依据年龄、性别、文化和时代的不同不断更新模型。[②]

但需看到，研究生招生考试中使用量表测验尚存诸多缺陷：①量表的信度和效度不足；②参考的常模代表性不足，甚至没有可供参考的常模；③社会称许性会在一定程度上扭曲测量结果，被调查者倾向于回答受到社会赞许的答案。特别是在人格特质的测量中，Shweder 和 D'Andrade 曾发现人格测验的评价结果与现实的观察结果一致性很低。[③]

2. 结构化面试

结构化面试通过预设若干相关问题，采取考官与考生即问即答的方式来测量其非认知能力的水平。结构化面试

---

① K. H. Kim，"Can We Trust Creativity Tests? A Review of the Torrance Tests of Creative Thinking（TTCT），" *Creativity Research Journal*，Vol. 18，No. 1，2006，pp. 3 – 14.

② 徐雪芬、辛涛：《创造力测量的研究取向和新进展》，《清华大学教育研究》2013 年第 1 期。

③ R. A. Shweder and R. G. D'Andrade，"Accurate Reflection or Systematic Distortion? A Reply to Block，Weiss，and Thorne，" *Journal of Personality and Social Psychology*，Vol. 37，No. 6，1979，pp. 1075 – 1084.

并不专门针对某一项非认知能力来设置，而是综合性地予以考察。一般而言，结构化面试过程分为三个阶段。①准备阶段，制定面试流程、规则说明及纪律规范；选择和培训考务人员；设定测评要素，包括知识、能力、品质等多个方面；设定问题和基准答案；确定评分标准。②实施阶段，考官提问、追问和评分。③总分阶段，汇总得分，统计总分。[①]

现实中结构化面试通常采用现场面试的方式，电话面试或视频面试也不鲜见。但面试过程中专家所提出的问题并非严格的"有章可循"，更多是具有较强个性化的考察。Elam 分析了医学院研究生招生考试中评委的笔记内容，发现具有不同专业背景和面试经验的教授对于同一面试应有的目的和方式都有显著不同的看法；[②] 即使持有相同的看法，在实际面试中，教授们所提问题也并没有真正按照所需考察的维度加以设定，更大程度上是一种基于个人意愿的随机提问。[③] 国内某著名高校研究生院负责招生的老师也发现：不同研究领域的大学教师在所持教育价值观、对教学定位的理解以及生活方式等方面，存在显著差别，从而影响面试环节的科学性。[④] 随之而来的后果是面试严重缺乏

① 赵仁铃、江莹：《引入结构化面试 加强研究生复试》，《学位与研究生教育》2010 年第 2 期。

② C. L. Elam et al. , "The Medical School Admission Interview: Perspectives on Preparation," *NACADA Journal*, Vol. 18, No. 2, 1998, pp. 28 – 32.

③ L. Streyffeler et al. , "Development of a Medical School Admissions Interview Phase 2: Predictive Validity of Cognitive and Non-Cognitive Attributes," *Medical Education Online*, Vol. 10, No. 1, 2005, pp. 3 – 4.

④ 宋朝阳：《博士生招生实施"申请—考核"制的几点思考——以武汉大学为例》，《学位与研究生教育》2017 年第 3 期。

效度，至少在医学领域，这一现象较为普遍，Giddins[①]、Noeth[②]、Smith[③] 等学者的研究结果均显示：面试成绩与研究生学业成就之间并不呈现显著的相关性。

3. 推荐信

推荐信是通过了解“重要他人”（significant others）对考生的评价从而测量研究生非认知能力的方式。研究生的推荐信需要多位专家学者从学术潜质、学习动机、人格特质以及道德品行等多个方面对其进行评价，其中非常重要的一条是对申请者与其可能攻读的专业、项目是否匹配（fit）做出判断。一般而言，撰写推荐信的专家学者特征有三：①由推荐者自己选择；②对申请者综合能力（或某一方面能力）有较大程度的了解，且最好具有共事经历；③自身具备一定的学术水准（在中国，往往需要推荐人具有高级职称）。推荐信对于考生非认知能力的测量存在以下问题：①推荐人往往依据他/她主观理解的院校对研究生的选拔要求来撰写推荐信，可能并不真正了解院校的实际要求；②推荐人对于申请者相关能力的描述不可避免地掺杂个人理解，难以兼顾事实判断和价值判断；③限于篇幅，推荐信内容难以完全覆盖考生所有的非认知能力；④信息可编码程度较差，且难以依据推荐信内容对不同的申请者进行对比；⑤人情

① G. E. Giddins, "Personality Assessment of Future Doctors," *Journal of the Royal Society of Medicine*, Vol. 80, No. 6, 1987, pp. 395 – 396.

② R. J. Noeth et al., "Predicting Success in the Study of Veterinary Science and Medicine," *Journal of Educational Research*, Vol. 67, No. 5, 1974, pp. 213 – 215.

③ S. R. Smith et al., "A Comparison of the First-Year Medical School Performances of Students Admitted with and without Interviews," *Journal of Medical Education*, Vol. 61, No. 5, 1986, pp. 404 – 406.

因素可能会影响推荐信的信度和效度。

基于此，ETS 提出采用标准化推荐信（Standardized Letter of Recommendation，SLR）的方式来改良现有的推荐信评价。SLR 包括 7 个维度：①知识；②分析能力；③沟通技能；④团队合作能力；⑤动机；⑥自我管理；⑦职业操守与成熟度。各维度均有 4 道题目，以“团队合作能力”维度为例，其题目包括“申请者易于分享观念”、“申请者能够支撑别人的努力”、“申请者在团队工作与他人相处融洽”以及“申请者行为举止开放、友好”。每个题目的评分包括 5 级：低于平均水平、处于平均水平、高于平均水平、优秀以及非常出众。[①] ETS 认为，其开发的 SLR 有三大优点：①题目更加准确和情景化，每一道题目都指向具体的能力，且不会产生模棱两可的判断；②设计的维度和项目具有坚实的理论基础，全面涵盖了影响研究生学业成就最重要的非认知能力，且经过了科学的实证检验；③只需网络填答 28 道选择题，能够大大节省推荐人的时间。[②] 此外，较之普通的推荐信，标准化推荐信能够依据推荐人对申请者的评分进行对比。在所开发的 SLR 基础上，ETS 通过后期的深入研究，对维度和题目进行了微调，最终形成了个人潜力指数（Personal Potential Index，PPI）来评价申请者的非认知能力。

---

① Liu Ou Lydia et al.，“The Standardized Letter of Recommendation：Implications for Selection，” http://www.ets.org/research/policy_research_reports/publications/report/2007/hsnx.

② J. M. McCarthy and R. D. Goffin，“Improving the Validity of Letters of Recommendation：An Investigation of Three Standardized Reference Forms，” *Military Psychology*，Vol. 13，No. 4，2001，pp. 199 – 222.

不过无论是传统推荐信还是标准化推荐信，虽有助于更加全面地了解申请者，但也存在三大亟待解决的问题：①推荐人是由申请者提供，故申请者可能在选取推荐人时存在“趋利避害”倾向；②推荐人与申请者具有共事经历，人情因素在一定程度上可能影响评价有效性；③非认知能力评价标准的模糊性，使推荐人可能倾向于选择一个“正确”或“漂亮”的选项。一份对 PPI 进行效度分析的文献将 400 位申请者的个人潜力指数得分进行了描述性统计，28 道题目中有 12 道题目的得分均值在 3 分和 4 分之间（介于“高于平均水平”和“优秀”之间），余下 16 道题目的得分均值均在 4 分以上（介于“优秀”和“非常出众”之间），同时均值得分的标准差大多为 0.5 左右，这表明绝大多数的推荐人会较高地评价申请人，且倾向于选择“高于平均水平”和“优秀”两个选项，导致区分度不大。[①]

三　强化非认知能力测量的全面审核

（一）全面审核的基本概念

标准化测试的弊端促使人们不断探索评价研究生生源质量的替代性方案，在这一需求下，全面审核应运而生。全面审核是指全面考察申请者的个人经历、学术能力、非认知能力和科研潜力。换言之，录取与否不仅取决于当下的考试成

① “The Research behind the ETS Personal Potential Index (PPI),” http://www.readkong.com/page/personal potential-index-ppi-5005473.pdf.

绩，而且取决于申请者过去的学习经历和未来的发展潜力。

不同机构和个人都尝试定义研究生招生过程中的全面审核。例如，美国研究生院理事会早在20世纪90年代就提醒各招生单位不宜仅凭录取分数线就决定录取与否，[①] 这可以被视为全面审核出现的萌芽，但当时美国研究生院理事会并未给出全面审核的明确定义或是界定与此相关的实践内容，直到2016年该机构才以报告的形式将其倡导的全面审核表述为：学位点在审核研究生申请材料时应考虑广义特征集，传统的认知能力、非认知能力以及其他个人特质均需有所涉及。[②] 美国医学院协会（Association of American Medical Colleges，AAMC）对全面审核的定义是使用灵活、个性化的方式综合评估申请者的经历、特质和学术水平，以及今后可能的贡献，并构建起实施全面审核的经历—特质—绩效（Experiences-Attributes-Metrics）模型。[③] 美国教育考试服务中心发布的《GRE使用指南》将全面审核理解为在招生过程中使用包括研究生入学考试成绩在内的多元信息衡量申请人的个人潜力。[④] Griffin等认为全面审核意味着在研究生招生过程中要跳出过往过度注重申请人GRE成绩和本科院校背景的窠臼。[⑤]

---

① C. B. Diminnie, *An Essential Guide to Graduate Admissions. A Policy Statement*, Council of Graduate Schools, 1992, p. 27.

② J. D. Kent and M. T. McCarthy, *Holistic Review in Graduate Admissions: A Report from the Council of Graduate Schools*, Council of Graduate Schools, 2016, p. 1.

③ "Holistic Review," https://www.aamc.org/initiatives/holisticreview/about/.

④ Educational Testing Service, *GRE Guide to the Use of Scores* 2018 – 19., The United States, 2018.

⑤ K. A. Griffin et al., "The Influence of Campus Racial Climate on Diversity in Graduate Education," *Review of Higher Education*, Vol. 35, No. 4, 2012, pp. 535 – 566.

全面审核能够很好地将申请者的非认知能力及其与培养单位的匹配度等因素纳入考察范围，从而筛选出更能胜任研究生阶段学习的申请人，为研究生教育培养效率的提高和教育成本的降低奠定良好基础，因此成为研究生招考改革的重要方向。

（二）全面审核的评价过程

1. 制定科学系统的观测维度

全面审核能否有效实施，首先取决于招生单位是否建立了一套科学系统的观测维度，并将维度细化为可操作的指标体系。如密歇根大学拉克哈姆研究生院（Rackham Graduate School）所实施的全面审核涵盖申请者的学术表现、科研潜力和个人特质三个一级维度，以及相应的若干二级维度（见表2-3）。华盛顿大学生物工程系的全面审核涵盖学术评价和个人特质两个一级维度，其中学术评价包括：①GPA成绩的变化趋势及课程难度；②GRE成绩；③论文质量；④科研项目参与情况。个人特质包括：①所克服的教育、经济及个人困难（教育困难如属于第一代大学生，经济困难如在校期间的工作经历，个人困难如遭遇家庭变故、存在生理/心理疾病等）；②提升多样性的能力；③对社区、培养单位或家庭的重要贡献；④推荐信。

表2-3 密歇根大学拉克哈姆研究生院全面审核的指标体系

一级维度	二级维度	
学术表现	班级排名	学业的进步情况
	总体GPA及主修专业的GPA	标准化测试成绩

续表

一级维度	二级维度	
学术表现	书面表达能力	外语的流利程度
	前置学位的课程挑战度	学术目标陈述成熟度
	之前科研经历的质量	个人研究兴趣与院系教师专长的匹配度
科研潜力	参与校内外的科研活动	规划和组织能力
	相关工作经历	课外时间的科研投入
	解决问题的创造性	对所学专业的学术热情
个人特质	领导力	特殊天赋或技能
	持续的进步	个人道德和专业伦理
	课外实践	学习差异
	社区服务	教育、文化和地理背景

资料来源："Holistic Review of Applications for Admission to Gradute Degree Programs," https://rackham.umich.edu/faculty-and-staff/resources-for-directors/holistic-review-of-applications/。

2. 建立明晰准确的计分标准

在不同的观测维度上，招生单位建立明晰准确的计分标准对申请人的能力素质进行评判是保证全面审核结果具有科学性和可比性的核心步骤。韦恩州立大学（Wayne State University）提供了使用全面审核评价申请者的评估标准模板，主要包括写作沟通能力、学术准备、科研基本能力、学术恒心与学术热情、贡献创新观点的能力五个方面，权重各占20%（见表2－4）。[1]

① "Portfolio Review for Doctoral Admissions," https://gradschool.wayne.edu/faculty.

表 2－4　韦恩州立大学全面审核评估标准模板

评估维度	证明材料	对应分值				得分
		1 分	2 分	3 分	4 分	
写作沟通能力	个人陈述、学术论文、推荐信	句子不完整，标点符号错误	句子结构和标点符号需要修改	句子有变化，标点符号大部分适用，尽管存在一些小错误	极好的句子结构，适当的标点符号	
学术准备	成绩单、标准化成绩、个人陈述、推荐信	如 GPA 小于 3.0	如 GPA 为 3.0～3.5	如 GPA 为 3.51～3.74	如 GPA 为 3.75～4.0	
科研基本能力	成绩单、个人陈述、推荐信	没有科研经历，包括没有上过相关课程	科研经历只局限于课程	在非专业领域展现应用可迁移技能的经历	在专业领域具有卓越的科研经历	
学术恒心与学术热情	个人陈述、推荐信	没有证据显示具备完成本领域长期目标的恒心和激情	展现一定的恒心和激情，但未能明确陈述	展现恒心和激情，但未和本领域相联系	展现恒心和激情，且能说明和本领域的联系	
贡献创新观点的能力	个人陈述、推荐信	没有证据显示具备贡献创新观点的能力	展现一定的贡献创新观点的能力，但未能明确陈述	展现贡献创新观点的能力，但未和本领域相联系	展现贡献创新观点的能力，且能说明和本领域的联系	

资料来源：https://gradschool.wayne.edu/faculty。

西得克萨斯农工大学（West Texas A&M University）的全面审核评估标准分为GPA、推荐信、写作能力和面试表达四大部分，GPA与评估得分存在转换标准，如GPA 3.80～4.00对应4分，3.60～3.79对应3分。写作能力的评价为写作内容、写作风格、写作结构和语法规范四维度的得分加总，每个维度最高得分为2分（见表2－5）。面试表达重点考察申请人所展现的对学习的强烈热情、领导力、有条理地交流沟通的能力、对多样性的贡献力、恰当的肢体语言表现力、克服学习困难的能力以及简明扼要陈述观点的能力，最高得分为10分。

表2－5 西得克萨斯农工大学写作能力评估标准

评估维度	杰出（2分）	精通（1分）	不符合要求（0分）
写作内容	叙述生动，分析清晰，并有恰到好处的例子支持观点	叙述生动，并有若干例子支持观点	未能清晰地阐明主题
写作风格	自信，专业，观点独特，具有较强的比喻性语言表达能力	自信，专业，观点明确	语言简单化，缺乏专业性
写作结构	行文结构清晰，表达准确	结构清晰，句子和段落富有变化	结构散漫，句子或段落过于简单
语法规范	展现出对语法规范卓越的应用能力	写作专业，语法、标点、拼写等方面鲜有错误	语法错误致使文意难以理解

资料来源：https://www.wtamu.edu/academics/graduate-school/apply/index.html。

3. 创新非认知能力的评价方法

在全面审核中，对非认知能力的评价不仅是非常重要的部分，更是亟待加强的部分。鉴于非认知能力方面数据的结构化程度较低，其评价方法较之认知能力的评价方法还不够成熟，但在理论层面，已基本建立非认知能力测量的理论模型。根据 Sedlacek 的研究成果，调查问卷、面试、档案袋等都可用于评价非认知能力。[①] 马里兰大学（The University of Maryland，College Park）使用 Sedlacek 等开发的调查问卷评价申请人的以下特征：①自信；②现实的自我评估；③处理种族主义问题的方法；④着眼长远目标；⑤强有力的个人支持网络；⑥成功的领导力经历；⑦社区服务；⑧取得某一领域的专业知识。[②] 路易斯安那州立大学医学院（Louisiana State University School of Medicine School）则更加偏好于通过结构化的面试对非认知能力进行考察，在十年的探索实施中，成功地促进了学生群体的多样性，非白人学生的入学比例增长一倍，保留率也提升至 87%。北卡罗来纳州立大学设计学院（The School of Design at North Carolina State University）要求申请者提供装有其设计作品等相关材料的档案袋，借此评价申请者克服困难、自我评价、目标设定等非认知能力。除上述方式外，招考环节也在尝试采用标准化推荐信、传记式数据[③]、情境判断测验[④]、内隐联想测

① W. E. Sedlacek, "Why We Should Use Noncognitive Variables with Graduate and Professional Students," *The Journal of the National Association of Advisors for the Health Professions*, Vol. 24, No. 2, 2004, pp. 32 – 39.

② W. E. Sedlacek, "Publications, Articles, and Surveys," http://williamsedlacek.info/publications.html.

③ N. Schmitt et al., "Impact of Elaboration on Socially Desirable Responding and the Validity of Biodata Measures," *Journal of Applied Psychology*, Vol. 88, No. 6, 2003, pp. 979 – 988.

④ M. J. Cullen et al., "Threats to the Operational Use of Situational Judgment Tests in the College Admission Process," *International Journal of Selection and Assessment*, Vol. 14, No. 2, 2006, pp. 142 – 155.

验[①]和条件式推理[②]等评价申请者的非认知能力。

4. 加强对匹配度的考察

申请人与培养项目的匹配既有助于学生顺利完成学业，扩展本学科领域的知识边界，也有助于院系培育和谐的组织文化，保持组织系统顺畅运行。因为选拔研究生某种意义上和聘任教师的本质类似，都属于学术共同体评价筛选未来同行的过程，[③] 所以需要特别关注研究生与培养项目的双向匹配。美国研究生院理事会 2018 年面向各成员单位硕士项目主管所进行的调查结果显示（如图 2 - 1），可以从以下六个方面衡量研究生与培养项目的匹配度，分别为：①和申请人匹配的科研导师的可得性；②和申请人匹配的实践导师的可得性；③申请人适应项目文化的潜力；④申请人遵守专业规范和伦理的潜力；⑤申请人和多元群体合作的潜力；⑥申请人提升项目多元性的潜力。其中，学术型硕士项目最看重申请人与科研导师的匹配程度，专业型硕士项目则更看重申请人遵守本专业规范和伦理的潜力。[④]

① K. Rothermund and D. Wentura, "Underlying Processes in the Implicit Association Test: Dissociating Salience from Associations," *Journal of Experimental Psychology: General*, Vol. 133, No. 2, 2004, pp. 139 - 165.

② L. R. James, "Measurement of Personality via Conditional Reasoning," *Organizational Research Methods*, Vol. 1, No. 2, 1998, pp. 131 - 163.

③ J. R. Posselt, "Toward Inclusive Excellence in Graduate Education: Constructing Merit and Diversity in PhD Admissions," *American Journal of Education*, Vol. 120, No. 4, 2014, pp. 481 - 514.

④ H. Okahana et al., *Master's Admissions: Transparency, Guidance, and Training*, Council of Graduate Schools, 2018, p. 6.

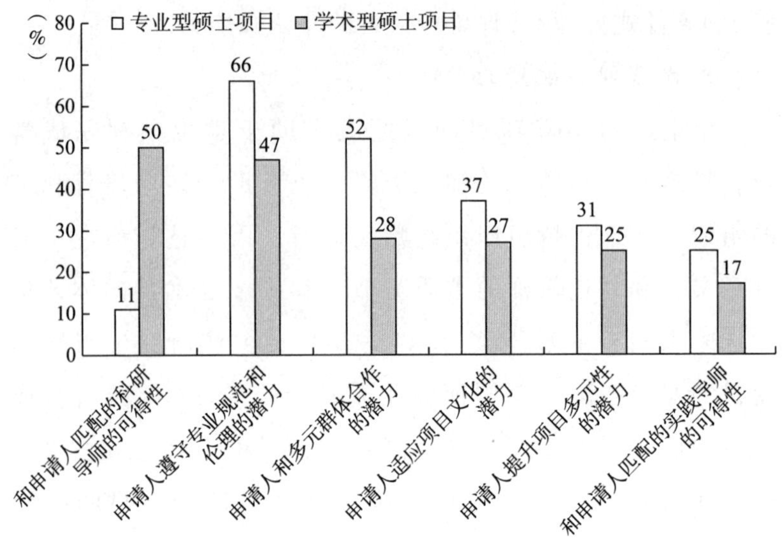

图 2-1　不同硕士项目对匹配性的关注情况（认为“非常重要”的占比）

资料来源：H. Okahana et al.，*Master's Admissions*：*Transparency*，*Guidance*，*and Training*，Council of Graduate Schools，2018。

匹配度的考察要求院校首先要反思自身的培养目标及培养条件，在此前提下明确审核的标准，包括招生简章中列明重点考察的认知能力及非认知能力特质、制定相对结构化的面试审核标准等，同时也要求培养单位加强院校数据的积累与分析。如加州大学 2019 年新上线的博士项目数据库详细呈现了申请、录取、资助、学位完成和校友就业等情况，[①] 为该校改进招生方式，更准确地判断申请者与培养项目的匹配度提供了数据支持。

① "Doctoral Program Data," https://www.universityofcalifornia.edu/infocenter/doctoral-program.

四　全面审核的院校实践：以 X 大学为案例

为保障研究生教育生源质量，在国外高校如火如荼推进全面审核的同时，中国也开始探索研究生招考方式改革，在博士招生环节实行的“申请—审核”制，作为全面审核的制度化方式，着重考察申请者过往学习经历、学术旨趣、未来学术潜力以及相关非认知能力。

本节以 X 大学博士“申请—审核”制改革为案例，展现大学和院系两类行动主体如何通过全面审核，科学有效地选拔博士研究生。

（一）案例选取与资料搜集

在知识经济时代，全球范围内人才、科技和创新的竞争日益加剧，博士生教育作为人才第一资源、科技第一生产力和创新第一动力的重要结合点，体现着大学人才培养的高度，[①] 理应受到广泛关注。我国博士生教育历经 40 余年的不平凡历程，规模从小到大，结构不断优化，为实现中华民族伟大复兴奠定了坚实的人才基础。但在取得历史性成就的同时，也面临发展不平衡、不充分的严峻挑战，

① 邱勇：《一流博士生教育 体现一流大学人才培养的高度》，《光明日报》2017 年 12 月 5 日，第 16 版。

仍需重点探索体制机制、培养模式和基础理论三条“深水河”,[①] 其中，完善的招生机制是保障后续培养质量的前提基础，建立科学有效的博士生招生制度的重要性不言而喻。自2007年以来，我国部分高校开始改革博士生招生制度，探索实施“申请—审核”制。截至2017年，国内410个具有博士招生资格的培养单位中，已有167个试行“申请—审核”制，占比40.73%，博士生招生由考试制转向申请制已是大势所趋。

X大学是2017年被确定的全国14所博士研究生教育综合改革试点高校之一。教育部发布的《博士研究生教育综合改革试点任务指南》，要求试点高校根据学校特色和办学实际，在招生选拔等方面大胆探索、先行先试，“完善博士研究生招生申请考核制，建立健全与培养目标相适应、有利于拔尖创新人才和高层次应用型人才脱颖而出的招生选拔机制”。[②] 该校博士招生的制度设计特色有二：一是制度名称坚持使用“申请—审核”制，“审核制”与“考核制”一字之差的背后蕴含不同的理念导向；二是每年开展的时间属全国最早，其数学系在2018年4月就启动了2019年的博士生招生工作。此外，X大学作为一所研究型大学，博士生招生规模居全国前列，2017年招生人数已突破3000人，且博士生培养质量认可度高。基于以上特点，本节以X大

① 赵沁平：《研究生教育领域仍需摸着石头过的三条河》，《研究生教育研究》2019年第1期。

② 中华人民共和国教育部学位管理与研究生教育司：《关于开展博士研究生教育综合改革试点工作的通知》，http://www.moe.gov.cn/s78/A22/xwb_left/moe_826/201708/t20170804_310685.html。

学博士生“申请—审核”制为案例，探索改革博士生招生制度的实践经验。

案例研究可以通过文献、档案、访谈、观察和实物等多种渠道和形式收集资料[①]，本节主要基于以下资料：第一，面向 X 大学博士生、博士生导师、院系博士招生管理者和校级博士招生管理者等多类利益相关主体开展的访谈；第二，相关制度文本，包括该校《关于进一步推进博士生招生改革的指导意见》（以下简称《指导意见》）、《博士研究生招生“申请—审核”制实施办法》（以下简称《实施办法》）和《博士“申请—审核”制监督保障实施细则》（以下简称《实施细则》），以及各院系公开的最新年度《博士研究生招生简章》和《博士生招生全面审核及录取办法》；第三，校方和社会媒体的相关新闻报道。

由于博士生教育表现出鲜明的“底部厚重”特征，且实行“申请—审核”制本身就释放出“招生权力适度下放”的信号，强调以院系为行动主体，因此，本节在勾勒 X 大学博士“申请—审核”制总体图景的基础上，进一步聚焦院系差异，力图展现学科文化各异的院系亚组织在推行博士“申请—审核”制改革过程中多样的行动逻辑与行动策略。根据托尼·比彻（Tony Becher）和保罗·特罗勒尔（Paul R. Trowler）“纯—应用”“软—硬”的学科划分维度，[②]选择 X 大学 A 学院、B 学院、C 学院和 D 学院分别作为

① 〔美〕罗伯特·K. 殷：《案例研究：设计与方法》，周海涛等译，重庆大学出版社，2010，第 93 页。

② 〔英〕托尼·比彻、保罗·特罗勒尔：《学术部落及其领地：知识探索与学科文化》，唐跃勤等译，北京大学出版社，2015，第 40 ~ 41 页。

“纯—软学科”、“应用—软学科”、“纯—硬学科”和“应用—硬学科”的研究案例。

（二）“申请—审核”制的实施过程

1. 制度缘起：多方共识的达成

学校、导师和学生是“申请—审核”制运行过程中的核心行动主体。① X 大学近年来不断推行教育教学改革，人才培养质量稳步提升，但博士生培养质量还不够高，且博士生生源中来自国外著名高校的生源占比较低。学校高度重视博士生培养质量及其对学术影响的重要意义，希望通过改革博士招生制度，提升对志在从事学术研究的拔尖创新人才以及国际生源的吸引力。

不同院系的人才培养目标和培养方式不同，“一刀切”的博士招生制度弹性不足，难以适应多元学科文化的异质性需求。从导师视角来看，传统考试制只能筛选出分数高的学生，但此类学生研究能力无法保证，而具备科研潜力的又可能无法通过笔试环节，造成“想要的进不来，进来的不想要”的制度性悖论。且随着该校国际化进程的加快，国际教师逐年增多，更希望博士招生与国际接轨，以全面审核②的方式综合考察申请人的个人潜力。“申请—审核”制一方面通过材料审核环节加大对申请人前期教育经历的了解，另一方面通过面试追问环节识别考生是否真正具备

---

① 罗英姿等：《博士生招生“申请—考核”制下的行为选择与制度安排》，《教育发展研究》2016 年第 5 期。

② J. D. Kent and M. T. McCarthy, *Holistic Review in Graduate Admissions: A Report from the Council of Graduate Schools*, Council of Graduate Schools, 2016.

与培养目标相匹配的学术潜力和个人特质。学生也表示招生改革前需花费大量时间和精力准备笔试，而博士招生更应重能力，不可“以分数论英雄”。正是多方主体利益共识的达成，促使X大学开始酝酿实施博士“申请—审核”制。

2. 制度推行：从试点探索到全面铺开

经过前期调研和专家论证，2011年6月，X大学研究生院下发《指导意见》，标志着博士“申请—审核”制正式落地。改革前期“申请—审核”制并未全面推行，而是采取渐进式变革路径，由6个院系先行先试，直到2016年校研究生招生工作领导小组讨论通过了《实施办法》，才决定在2017年博士生招生工作中，在全校全面推进“申请—审核”制改革。

渐进式变革是有效控制机会主义风险的一种过程监控策略，主要包括约束行动空间、多元监控等手段。[①] X大学在试点运行博士招生“申请—审核”制时并未规定全校统一的改革范本，《实施办法》仅用以规范招生流程和明确各方权责，招生权力直接下放到各个院系。但规则弹性化不等于没有规则，首先，学校组织多领域相关专家形成研究团队，共同制定了《学术人才选拔参考指南》，包括基本素养、学术能力、学术志趣3类13个素质指标，[②] 帮助院系明确材料审查、全面审核分别要考察什么。其次，研究生院共制定了5套博士招生“申请—审核”制实施细则模板，

① 茶世俊：《公地困境与制度分析：中国研究生教育管理体制渐进改革》，《教育学术月刊》2009年第6期。

② 王任模等：《博士生招生“申请—审核”制探索》，《学位与研究生教育》2017年第3期。

并到各院系开分享会，以供各院系根据自身特点进行选择，在一定制度空间内自主设计招生流程。

此外，改革不仅要努力实现制度目标，更要做到程序公正。X 大学出台的《实施细则》，作为配套的监督保障措施，明确学校研究生招生工作领导小组、学校纪委、研究生招生委员会、院系研究生招生工作领导小组等各博士招生工作监督机构的具体职责，并对监督环节与程序、申诉与举报处理程序、违规处理程序等进行了详细规定。正是由于整套制度设计程序规范、监控到位，所以博士招生“申请—审核”制全面铺开后少有“噪声”，运行平稳。

3. 制度保障：公平是贯穿始终的价值取向

公平是保障教育制度合理性与合法性的必要价值追求，处于中国人情社会的场域之中，科学规范的程序设计和内容要求是保证博士生招生公平的关键。瑞典教育学者 Torsten Husen 提出教育公平包含“起点公平”、“过程公平”和“结果公平”三个阶段。[①] 在起点阶段，X 大学“申请—审核”制仅对申请人资格做思想品德和身心健康方面的“底线要求”，并未设置院校出身、申请身份等歧视性门槛。目前该校博士招生“申请—审核”制涉及三种类型：硕士毕业或已获硕士学位的人员、应届硕士毕业生可申请普通博士生；本校二、三年级非定向就业的在读硕士生已按学科培养方案的要求学完全部硕士学位课程并完成开题、各科成绩优秀者，经导师同意可申请硕博连读；应届本科毕

① 张人杰主编《国外教育社会学基本文选》，华东师范大学出版社，2009，第193页。

业生符合推荐免试条件的可申请直博生，未来还将探索非应届本科生通过“申请—审核”制攻读博士学位的路径，以进一步放宽申请人资格要求，保证博士生招生的起点公平。

在过程和结果阶段，X大学设计出一套“5+1+2”的监督保障机制，其中，“5”代表集体决策、信息公开、巡查制度、纪检监察、申诉复议5大机制。采取专家集体决策制能够有效避免个人权力寻租和机会主义风险，申请材料审查要求至少3名以上专家参与，面试环节也需综合考虑专家组集体意见。信息公开是指各院系应及时发布招生简章、全面审核及录取办法、全面审核名单和推荐名单等，接受申请人及社会各界的监督，同时，院系博士生招生选拔实施细则也需报研究生招生办公室和纪委办公室备案。在招考期间，学校纪委和研究生院会派人巡查，招生全程都需录音录像并有详细记录，所有原始材料都须留存备查、规范留档，保证博士生招生的可追溯性和过程公平。申请人若对招生环节及录取结果存在异议，也可通过相应渠道进行申诉复议。学校高度重视申请人公平感的获得，从而保证博士生招生的结果公平。

（三）“申请—审核”制的实施经验

1.“收放并行”：在导师与院系之间构建合理的权责边界

实施博士招生“申请—审核”制的难点之一在于合理界定导师的权力边界，在充分尊重导师招生自主权与约束其滥用权力之间维持平衡。部分院系在处理导师赋权问题时激励放权与制度规约并行，在尚未正式开放申请的人才预选阶段，导师自主决策逻辑处于重要地位，由导师综合权衡自身人才需求与培养条件供给情况锁定潜在优质生源，并通过协商科学研究计划书的方式提前进入学科社会化流程。如X大学D学院明确要求申请人需提前联系并确定拟报考导师，并根据拟报考导师的研究方向，撰写不少于2000字的拟攻读博士学位科研计划书，彰显出对导师的制度性信任。

约束机制则主要靠该院研究生招生工作领导小组实现，由学术共同体集体决策。材料审查环节则由学院各系（所、中心）组织至少3名具有博士生指导资格的教师进行材料审核，每位专家先根据《X大学D学院公开招考博士生初审评分表》独立对申请人的理论基础、科研能力、研究成果、科研计划、综合素质等方面进行排序，之后将各位专家的排序取平均后，按照拟招收统考博士生名额的150%～300%确定进入全面审核环节的学生名单。面试环节由至少5名具有副高以上职称或具有博士生指导资格的教师组成面试考核小组，除考核外语水平外还需进行专业知识考核，每位专家根据考核情况填写《X大学博士生入学考试面试评分表》，对考生进行无记名打分，之后去掉最高分及最低分计算算术平均分。

2. “双重保险”：构建限期申诉机制

为避免“定导”招生弊端，X大学C学院博士申请不需要提前确定导师，即使入学后在一年级也没有固定导师，而是实行实验室大轮转，轮转结束根据师生双向自愿选择再定导。加之该院全面审核仅采取面试形式，因此招生制度安排慎之又慎，在材料审查和面试审核环节都设计了“双重保险”。由5～8名博导组成的材料审查组会根据申请人提交的申请材料遴选并邀请相对优秀者来校参加面试考核，但没有得到面试机会的申请者，如认为自身符合面试条件，也可以限期申诉。学院官网公布的申诉名单显示，每年都有一定比例的申请人通过申诉方式进入面试。若对当年博士生招生结果有异议，也可通过书面形式具名申诉。面试考核组由5~7名博导组成，每位考生面试约30分钟，依据其综合表现进行百分制打分并排序，得出一次面试考核结果。一次面试完成后，各考核组会派2名代表汇总讨论，共同决定录取名单，对于在一次面试中没有达成共识的有争议的学生，随后还将组织二次面试，二次面试名单的拟定也需专家组讨论形成，专家组对整个考核流程每个关键节点的决策都极为慎重。

3. "通专并重"：强化对非认知能力的考查

X大学B学院在重视考查申请人专业知识与技能的同时，也兼顾对团队合作、领导力、表达与沟通等通用技能的考查。"通专并重"的选拔方式突出反映在全面审核的面试环节，该院规定面试方式包括群体面试和单独面试两轮，考核组由5名具有副高以上职称或具有博士生指导资格的教师组成。其中，群体面试采取分组辩论形式进行；单独面试每位考生约30分钟，又分为英文面试和中文面试两环节。面试成绩由至少5名专家独立打分，去掉最高分和最低分后取平均分，如有分组则对各组间成绩进行标准化处理，两轮面试成绩占总成绩的70%。"群体+单独"的面试组合既能综合考查考生专业基础知识及对专业前沿问题的了解程度，侧重判断其科研基础、学术创新潜力等专业知识与技能，又能有效考查考生在思维能力、倾听能力、小组合作能力、语言表达能力、问题解决能力等方面的水平，侧重判断其通用技能。更进一步，在模拟辩论情境的群体面试中，申请人的言行举止还能反映其背后的性格特质，呈现更为丰富的个人信息。

（四）“申请—审核”制的典型特征

1. 招生理念创新：水平性向潜力性的转换

学者的养成是渐进发展[①]和厚积薄发的过程，因而学术人才招录不同于企业员工招聘，有其特殊的衡量标准和考查旨趣。申请人当下的知识储备和能力水平固然重要，此类水平性因素直接影响其学术之路的起点，但在学术生活这场疯狂的赌博里，[②] 学术志趣等潜力性因素更能决定其能走多远。X 大学博士“申请—审核”制正是在原有水平性招考工具出现选拔失灵、信号作用减弱的情形下应运而生的，通过材料审核和提高面试环节比重来重点识别申请人未来的学术潜力，在源头上提高生源特质与培养目标的匹配性，最大程度规避入口选择性偏差给学校、院系、导师及博士生个人造成的多重效用损失风险。

然而在招生理念由水平性向潜力性转轨的同时，也给导师和院系带来了更大挑战，正如一位访谈者所言：“‘申请—审核’制要比统一考试难得多，你不那么看重成绩、不那么看重数量，那究竟看重什么？这就是质量评价几乎摆不

① 〔美〕乔治·E. 沃克等：《学者养成：重思 21 世纪博士生教育》，黄欢译，北京理工大学出版社，2018，第 55 页。

② 〔德〕马克斯·韦伯等：《科学作为天职：韦伯与我们时代的命运》，李猛编，生活·读书·新知三联书店，2018，第 11 页。

脱的悖论，如果说不清楚你所看重的清晰的标准，那么很可能被其他人质疑你就没标准，或者质疑有走后门、走关系的空间。”因此，招生理念的创新必然要求招生单位在不断反思中增进选才能力，特别要结合培养目标明确本院系、本项目的人才需求，并制度化相应的招生标准。

2. 招生制度规范：价值理性与工具理性的调适

招生制度改革的价值理性在于保证公平，工具理性则强调通过制度变革提高选才效率。X 大学博士招生“申请—审核”制的制度设计较好地协调了这二重理性追求，以价值理性为“道”，以工具理性为“器”，从而顺利实现旧制度的“去制度化”和建构起新制度的“合法性”。传统倚重笔试的博士招生制度看似形式公平，但忽视了利益相关主体的多样化需求，导致实质性不公平，且由于入口环节双方均存在信息不对称，难以实现师生之间的有效匹配，严重影响选才效率。

“申请—审核”制通过完善的监督机制保障公平，并兼顾多方需求以保证效率。对学生而言，不必再机械地复习基本知识，可极大提升备考效率；对导师而言，有助于选出符合期待的优质生源，保证适配效率；对院系而言，可灵活选择招生时间和批次，访谈中校级和院系招生管理人员也表示“原先 9 月份推免，来年 3、4 月份再进行普博生招考的制度安排占用大量时间精力，所以都愿意提前到 9 月份统一完成”，工作效率明显提高。正是在调和彰显公平的价值理性与提升效率的工具理性的基础上，博士招生“申请—审核”制取得了合法地位。

3. 招生策略灵活：规定动作与学科自选动作的平衡

学校层面完成总体制度设计，制度执行最终还是要落实到院系层面。大学作为典型的松散联合体，各院系差异显著，保持制度弹性和包容性尤为必要。X 大学在制定《学术人才选拔参考指南》时就充分考虑学科差异，综合考虑了工科、理科和文科专家的共同建议。在博士招生“申请—审核”制推行过程中，虽然学校层面出台了纲领性文件，但各院系可根据自身情况自主制定招生细则，实现了规定动作与自选动作的互动平衡。从制度执行现状来看，不同学科基于各自的组织特性、知识特性、培养风格和管理风格已进行了有益尝试，具有学科特色的制度创新正在形成。

第三章　培养质量评价：聚焦在学关键环节

由于缺乏有效评价方法，研究生培养过程往往成为外界所不能感知的“黑箱”，具有相当程度的神秘感。本章将关注焦点置于研究生就读过程中的关键环节，试图强化过程性评价，提升评价方法对培养环节优化的支持性作用。

本章对在学关键环节的培养质量评价主要通过三种方法展开：一是通过体验调查采集学生对自身研学经历的回溯性评价信息，从学生视角解码课程学习、导师指导、科研参与、学位论文撰写等关键培养环节的质量水平；二是关注学生自我感知到的能力增值，将学生主观感受作为评价培养质量的工具；三是鉴于主观评价本身所存在的标准不一、可比性差等问题，故第三节尝试提出客观指标，基于在学研究生参撰论文的学术贡献率，评价研究生在科研参与过程的培养质量，力图以主观评价与客观评价相结合的方式，打开研究生培养过程“黑箱”。

一　体验调查：培养环节的诊断性评价*

鉴于知识经济时代研究生教育对于国家核心竞争力的关键作用，如何避免“膨胀”的研究生规模“稀释”学位的“含金量”，构筑和完善质量保障体系，成为研究生教育的重要主题和应有之义。在此背景下，各国相继开发引进一系列体验调查工具，从学生视角评估研究生教育培养质量。本节依据资料可得性和代表性原则，在欧洲、美洲、大洋洲和亚洲地区分别选取博士教育处于领先地位的英国、美国、澳大利亚和日本作为样本，通过比较分析四国的研究生体验调查工具，探讨研究生培养过程的诊断性评价。

（一）体验调查的实施概况

国外博士生体验调查主要从“国家”和“院校”两个层次展开，调查组织机构既包括国家和院校有关部门，也包括社会第三方机构。调查对象覆盖在读博士生、博士应届毕业生和毕业一段时间后的博士项目完成者。调查实施方式以网络问卷为主，辅之以纸质问卷、电话调查和小组访谈等。总体而言，应届毕业生调查的应答率较高，在读博士生（2015 年在读博士生）的应答率最低（见表 3－1）。

* 本节部分内容曾刊发于《现代大学教育》2015 年第 3 期（袁本涛等：《解码研究生科研体验调查：基于澳、英的比较分析》）和《研究生教育研究》2017 年第 6 期（杨佳乐等：《国外博士生调查主要调查什么？——基于美、英、澳、日四国问卷的比较分析》）。

1. 美国：博士学位获得者调查和博士生离校调查

博士生教育是美国全球竞争力和创新力的重要基石，为保持博士生教育长期的领先地位，持续吸引世界顶尖人才，美国将博士生体验调查作为考查培养质量的重要工具，发布多份报告重点关注博士学位完成率、损耗率等方面问题。博士学位获得者调查（Survey of Earned Doctorates，SED）是自 1957 年起进行的全美年度调查，受美国国家科学基金会、美国国家健康总署、美国教育部、美国农业部、美国国家人文科学基金会和美国国家航空航天局六个联邦机构资助，调查结果描述了各年度全美博士生教育的人口特征及变化趋势，重点关注——谁获得了博士学位？哪些领域吸引学生注册？什么因素影响学生接受博士教育？博士毕业后的道路选择如何？……这些信息对于联邦政府和学术界中的教育工作者及劳动力规划者至关重要。除国家层面的博士教育外部保障外，美国一流的研究型大学也积极开展院校层面的问卷调查，构筑博士教育的内部保障体系。例如，MIT 的博士生离校调查融合了博士学位获得者调查中关涉博士项目评价的相关问题、全球教育和职业发展中心调查中关涉就业、薪资的相关问题，调查内容包括博士毕业生在 MIT 就读的体验、经济支持与负担、在读期间学术活动参与、毕业后职业计划和求职经历。

2. 英国：研究生科研体验调查

由英国高等教育学会发起的研究生科研体验调查（PRES）是国际上调查博士生科研体验的成功案例，该调查秉承“自愿参加”原则，以“提升质量”为导向，从 2007 年

表 3－1　四国博士生体验调查组织与实施情况

单位：%

国别	调查层次	调查名称	调查机构	调查时间	调查对象	调查方式	应答率
美国	国家层面	博士学位获得者调查（SED）2015	国家科学基金会	2014.7.1～2015.6.30	2015 年获得学位的博士毕业生	纸质问卷＋网络调查＋计算机辅助电话访谈	90.2
	院校层面	博士生离校调查（DSES）2015	麻省理工学院	——	2015 年博士毕业生	网络调查	83
英国	国家层面	研究生科研体验调查（PRES）2015	高等教育学会	2015.3.2～2015.5.14	2015 年在读研究生	网络调查	41
澳大利亚	国家层面	毕业生结果调查（GOS）2016	国家教育与培训部	2015.11～2016.5	2015～2016 年高校毕业生	网络调查	39.7
	院校层面	JCU 博士体验调查（JCU DES）2016	詹姆斯库克大学	2015.11.25～2015.12.31	2015 年在读博士生	网络调查＋焦点小组访谈	11.7
日本	国家层面	第一版博士生人力资源调查（JD－Pro）	国家科学技术·学术政策研究所	2014.11.1～2014.12.26	2012 年完成博士教育课程者	电子邮件＋电话调查	28.1

注：澳大利亚毕业生结果调查在 2 月还会进行补充调查，但范围较小故予以省略。

资料来源：SED 源于 https://www.nsf.gov/statistics/srvydoctorates/；DSES 源于 https://capd.mit.edu/；PRES 源于 https://www.advance-he.ac.uk/reports-publications-and-resources/postgraduate-research-experience-survey-pres；GOS 源于 https://www.qilt.edu.au/surveys/graduate-outcomes-survey-（gos）；JCU DES 源于报告《JCU Doctoral Experience Report 2016》extension://bfdogplmndidlpjfhoijckpakkdjkkil/pdf/viewer.html? file=https%3A%2F%2Fwww.jcu.edu.au%2F_data%2Fassets%2Fpdf_file%2F0004%2F260266%2F2016-Doctoral-Experience-Report.pdf；JD-Pro 源于 https://www.nistep.go.jp/en/?p=3637。

开始，迄今已发布六次报告（年份依次为 2007 年、2008 年、2009 年、2011 年、2013 年、2015 年），逐渐成为收集英国博士生科研体验信息的行业标准。从 2013 年开始，调查问卷进行了重大调整，使之更符合研究者发展框架（Vitae's Researcher Development Framework，RDF）。正如格拉斯哥大学（University of Glasgow）学生代表委员会研究生发展部的工作人员 Stef Black 所说，“PRES 使我们了解研究生对哪些方面满意，哪些方面需要改进，以及如何帮助他们尽快融入科研共同体”。需要说明的是，英国研究生科研体验调查的调查对象也包括研究型硕士生，因为在英国该学位很大比例成为继续攻读博士学位的过渡阶段，所以仍将该调查纳入分析框架。

3. 澳大利亚：研究生体验调查

澳大利亚博士生体验调查由澳大利亚毕业生职业协会牵头进行，内容包括研究生科研体验调查、研究生毕业去向调查、毕业生课程体验调查和毕业生薪资调查等一系列调查。该项全国性系列调查从 2016 年开始被教与学质量指标（Quality Indicators for Learning and Teaching，QILT）所取代，其包括学生体验调查（student experience survey）、雇主满意度调查（employer satisfaction）和毕业生结果调查（graduate outcomes survey）。2016 版的澳大利亚毕业生结果调查整合了之前的毕业生去向调查、课程体验调查和科研体验调查，力图从不同角度全面评估研究生教育质量。全国层面的研究生体验调查能够反映一些共性特征，但在院系等亚组织中还存在显著的学科差异，詹姆斯库克大学开展的博士体验调查（JCU Doctoral Experience Survey）旨在了解不同学科文化中特定政策、过程、期望和条件对博士生体验的塑造等更为细节化的反馈以及寻求提升该校博士生就读满意度的有益实践。

4. 日本：博士生人力资源调查

日本第四轮科学技术基本规划（The Fourth Science and Technology Basic Plan）在制定本国人力资源发展目标时肯定了研究生教育质量提升在国家科技发展战略中的重要地位。和英美等国相比，日本属于博士生教育后发型国家，每年有大约15000人获得博士学位，这部分群体凭借自身的专业知识和技能活跃于科学、技术等各个领域。日本文部科学省的国家科学技术·学术政策研究所希望通过开展第一版博士生人力资源情况调查（The First Japan Doctoral Human Resource Profiling，JD - Pro）了解在日益激烈的科研竞争环境和就业形势下，这部分高等人力资本群体的就业和生活状态如何，调查结果将用于政策制定和改善博士毕业生职业发展环境。

（二）体验调查的测量维度

调查目的、调查层次的不同决定调查问卷设计思路的差异。通过将四国博士生体验调查问卷进行统计归纳（见表3 - 2）可以发现，遵循就读前—在读中—毕业后的阶段历程来组织题设是各国博士生体验调查的共性逻辑，但调查内容和结构各有侧重。美国模式的博士生体验调查属于“普查”导向，问卷从本科、硕士等前序教育经历开始，到攻读博士学位阶段的考核评估、经济资助等关键环节，再到博士毕业后的学习或工作计划，流程化特征明显。此类调查的结果更有利于国家整体把握博士生教育的现状和发展动态，以及时调整相关政策，引导博士生教育的良性发展。但缺陷在于对院校层面博士生培养实践的指导作用不明显，很难直接反映博士培养环节存在的典型问题。为弥补全国口径年度调查的不足，MIT 等世界一流大学自行组织本校范围内的博士生离校调查，题目类型更为灵活多样，特别是增加了对导师指导、研究氛围、专业发展等培养过程的考察。

英澳模式的博士生体验调查起于澳而盛于英，彼此学习借鉴，不断完善。两国的博士生科研体验调查都聚焦于博士生就读过程中导师、设施、学术共同体、考核要求等关键要素的需求与供给情况。在对象选取上，澳大利亚主要以毕业四个月内的博士为研究对象，而英国选择以在校生为调查样本，因此加入了“在多大程度上有信心按时毕业”这一指标。2016 年开始推行的澳大利亚毕业生结果调查更是综合了毕业去向、薪资水平、课程体验和科研体验等多个主题，模块化特征明显。英澳模式下的博士生体验调查同样允许各博士培养单位自行加入调查问题，以提高问卷对不同培养单位的适切性。詹姆斯库克大学的博士体验调查更是深入院系等亚组织层面，收集不同学科文化背景的博士生在该校就读过程中的满意或不满意之处，最终落脚到各行动主体提升博士生体验满意度的对策措施。调查所获数据不仅能为博士生教育主管部门提供决策依据和科学参考，而且能够切实帮助校—院（系）及时定位博士生培养过程中暴露出的问题，直接高效地提升博士生培养质量。

表 3－2 四国博士生体验调查问卷总体维度对比

调查阶段	调查维度	SED	DSES	PRES	GOS	(JCU) DES	JD－Pro
就读前	前序教育	★	★			★	★
在读中	导师指导		★	★	★	★	★
	研究资源			★	★	★	
	研究氛围		★	★	★		
	考核评估	★	★	★	★		
	角色责任			★			
	技能发展			★	★	★	
	专业发展		★	★		★	
	机会获得		★	★			
	课程体验				★		
	困境遭遇		★				
	经济支持	★	★	★		★	★
	总体满意度		★	★	★		★
毕业后	博士后	★	★		★		
	就业	★	★		★		★

注：★表示调查问卷中所涉及的环节。

资料来源：根据 SED2015、（MIT）DSES2015、PRES2015、GOS2016、（JCU）DES 2016、JDPro2014 版调查问卷整理所得。

日本模式的博士生体验调查旨在描述日本博士课程完成者（既可能获得学位，也可能没有获得学位）的基本情况以及刻画其毕业两年后的学习、工作、生活和健康状态，属于“描述”导向型调查。由于该调查是毕业一段时间后的追踪调查，因此问卷并没有在培养过程的细节方面安排过多笔墨，而是侧重考察目前的工作状况，包括开始工作的时间、工作信息来源、工作时长、工资收入、工作单位性质、工作行业性质、单位规模、工作形式与内容、工作满意度、工作与学位对口情况等，以更好地呈现接受博士教育所能带来的人力资本的增值情况及其对个体未来职业生涯发展的影响。

（三）聚焦科研体验：以英澳为案例

科研是研究生区别于其他学历层次学生的重要经历。针对科研体验开展的诊断式评价有利于促进研究生培养过程的科教融合，充分发挥科研育人功能，帮助研究生尽快实现学术社会化。

英国和澳大利亚专门针对学术型研究生对其科研经历的感受、认知和看法开展了多年全国性调查，是两国高等院校、政府和相关监管组织获取研究生质量信息的重要途径，更是开展诊断性评估，促进外部质量保障的重要环节。两国研究生科研体验调查的组织与参与情况见表 3－3。

1. 英国、澳大利亚两国研究生科研体验的实施概况

澳大利亚研究生科研体验调查最早由澳大利亚教育研究委员会（ACER）和毕业生职业生涯协会（GCA）于1999年发起，致力于系统搜集毕业研究生对其科研经历的认知、感受和看法的信息。组织者认为这项调研可以反映各类研究生培养项目是否有效地安排和实施，培养项目的变革是否会影响研究生的主观感受以及研究生是否认为所攻读的项目具有回报等诸如此类的信息，从而为公众、政府和高校等利益相关者提供参考。[①] 因此澳大利亚自 1999 年起每

① E. Daniel and C. Hamish, *Postgraduate Research Experience 2009: the Report of the Postgraduate Research Experience Questionnaire*, Graduate Careers Australia Ltd, 2010, p. 8.

年都发布研究生科研体验调查的研究报告。

在澳大利亚的调查实施了五年以后，该项调查才进入英国人的视野。牛津大学的学者在其报告中提到：“（澳大利亚所实施的研究生科研体验调查）很好地反映了学生在攻读学术型学位时的过程性体验，检验了学生对其技能发展的主观认知情况和满意度，同时问卷具有较高的信度和效度，适用于不同专业的学生。”① 因此他们对问卷进行修订，并在本校研究生中实施，探索院校研究氛围、研究生科研体验以及研究生满意度之间的联系。当然，该项研究报告也反馈至牛津大学校方，作为其提高研究生培养质量的参考性报告。

2007 年，英国高等教育研究院将此项调查引入，作为一项全国性的调查加以推广。它认为，首先，学术型学位项目的特质在过去十年有很大改变。这主要是由于学位项目质量标准的设置要与英国质量保证署所发布的《高等教育学术质量与标准的保障准则》、提出可迁移能力的《研究生技能培养要求》等文件保持步调一致。例如英国质量保证署把研究氛围置于非常重要的位置：“院校最好让研究生处于支持科学研究的环境中，这样的环境有助于产生高质量的研究成果。研究氛围能使研究生做出独立思考和创造性判断，接受不确定性是研究项目实施的特点。”② 因此，此项调查就必须从各校获取其研究生培养过程中与研究氛

① K. Trigwell and H. Dunbar-Goddet, *The Research Experience of Postgraduate Research Students at the University of Oxford*, University of Oxford, 2005, p. 65.

② Quality Assurance Agency, “Code of Practice for the Assurance of Academic Quality and Standards in Higher Education,” www. qaa. ac. uk.

围相关的质量信息。其次，截至 2007 年，英国并没有系统收集学术型研究生信息及其观念、看法的相关调查。虽然部分院校有自己的内部调查，但这些调查并不是每年都举行，调查结果也不能在机构之间进行比较，澳大利亚的问卷是一个具有较强的信度和稳定性的调查工具，在英国也具有较强的适应性。同时，随着对研究生过程性体验的关注逐步增加，倾听学生声音变得尤为重要，而这正是研究生科研体验调查的特质。此外，帮助院校基于实证研究形成科学决策以提高本校学术型研究生的培养质量是一项非常重要的任务。①

因此，英国研究生科研体验调查（PRES）在高等教育研究院的主导下于 2007 年正式启动，并与研究生课程体验调查（PTES）一起作为研究生领域的全国年度例行调查。②

表 3－3　英国、澳大利亚两国研究生科研体验调查的组织与参与情况

类别	2012 年澳大利亚	2011 年英国
作为组织者的协会团体	教育研究委员会	高等教育研究院
面向的研究生群体	毕业生	在校生
参与方式	强制参加	自愿参加
参与院校数（所）	41	102
院校总数（所）	42	163
参与院校占院校总数的比例（%）	97.62	62.58

① P. Chris et al.，*Postgraduate Research Experience Survey 2007*，The Higher Education Academy，2007，pp. 9－20.

② S. Ioannis et al.，*Postgraduate Taught Experience Survey 2013*，The Higher Education Academy，2014，pp. 12－19.

续表

类别	2012 年澳大利亚	2011 年英国
参与的学术型研究生数量（人）	7399	97571
参与者占学术型研究生总数比例（%）	79	90
问卷填答率（%）	65	32

注：（1）英国 2012 年没有实施研究生科研体验调查，故使用 2011 年的调查数据；（2）在参与者占学术型研究生总数比例的计算中，英国的总数为 2011 年英国学术型研究生的数量，澳大利亚的总数为 2012 年澳大利亚毕业的学术型研究生的学位授予数（含硕士和博士）。

资料来源：依据 C. David, *Postgraduate Research Experience 2012: the Report of Postgraduate Research Experience Questionnaire*, Graduate Careers Australia Ltd, 2013 和 H. Laura and B. Alex, *Postgraduate Research Experience Survey 2011*, The Higher Education Academy, 2011 相关资料整理。

2. 英国、澳大利亚两国研究生科研体验关注的维度

英国、澳大利亚对研究生科研体验调查主要关注五个维度：导师指导、研究氛围、基础设施、论文答辩、目标与标准。每个方面都是用 4～6 个问题来考察，并以五级量表（完全同意、同意、中立、不同意、完全不同意）来描绘其程度。

（1）导师指导：关注导师对研究生发展所提供的实质性支持

两国所实施的研究生科研体验调查均将“导师指导”作为最重要的维度加以考察。这在一定程度反映了两国调查者对研究生培养过程中关键要素的预设：导师所提供的实质性支持是影响研究生科研体验的最重要因素。[①]

① P. Chris et al., *Postgraduate Research Experience Survey 2009*, The Higher Education Academy, 2010, p. 16.

具体而言，两国所实施的调查均关注：①导师是否为研究生的发展提供了有用的建议；②当研究生需要导师的时候，导师是否给予了帮助；③导师是否努力去理解学生的困难；④导师是否在学生的科研能力培养上提供了帮助。其中，特别是科研能力的培养成为“导师指导”维度的中心内容。例如调查者向研究生询问：“你在研究方向的选择和凝练上是否受到了导师很好的指导？”以及“你在文献检索上是否受到了导师很好的指导？”[①]

（2）研究氛围：关注院系是否为研究生融入学术共同体提供机会

研究氛围是研究生科研能力养成的重要条件。如果科研能力是一棵树，导师指导则为园丁的施肥、浇水和修剪，研究氛围则是树木赖以生长的土壤，土壤越好，科研能力的生长则越“茁壮”。

英国、澳大利亚两国均将院系内的研究氛围作为关注的重点纳入研究生科研体验调查，它们尝试考察研究生是否融入了院系所形成的学术共同体。例如，它们关注院系是否“为研究生提供了良好的研讨项目”和是否“提供了让研究生融入更广阔的研究氛围的机会”，院系研究氛围是否“能够激励研究生工作”。

相较于两国全国层面的科研体验调查，英国牛津大学的调查对院系研究氛围的关注更为具体，它关注：①院系是否为研究生的科研工作提供支持，例如院系其他的研究

---

① R. Ali et al. , *Postgraduate Research Experience 2009*: *the Report of Postgraduate Research Experience Questionnaire*, Graduate Careers Australia Ltd, 2010, p. 15.

生和研究人员是否对被访者“很支持”，当被访者需要院系管理人员帮助时，他们是否会给予支持；②研究生在院系学术共同体中的融入状况，例如研究生是否“融入了院系”、是否成为“一名受人尊敬的研究人员”，以及是否“感觉成为所在学科领域中学术共同体的一分子”。

（3）基础设施：关注研究生的科研是否具备必需的支持

两国均认为基础设施的保障是科研工作开展的必要条件，故在研究生科研体验的调查中对研究生科研工作开展中相关的基础设施提供状况进行了特别关注。这些基础设施包括“合适的工作间”、“电脑设备”、“充足的图书馆资源”、“适当的经费”、其他“必需的设备”。此外，英国牛津大学的调查还特别关注研究生是否“能够使用公用会议室”。

（4）论文答辩：关注学位论文完成的时效性和答辩过程的公正性

学位论文质量是研究生培养质量的直接反映。两国调查均将学位论文是否能够按时完成和答辩过程是否公正作为体现研究生科研体验的重要环节。只要研究生能够在规定的时间内完成学位论文，且学位论文能够得到公正的评价，那么研究生的“出口质量”是有保障的。但较之于澳大利亚，英国高等教育研究院的考察更为细致，它不仅关注论文完成的时效性和论文答辩的公正性，还考察研究生的论文在答辩前是否得到了充足的指导，在答辩后是否依据答辩委员会专家所提出的问题进行了修改。

（5）目标与标准：关注研究生对学术规则的认知

研究生科研能力的培养必须遵循学术规则的基本框架。两国调查均将研究生个人对学术规则的认知作为一项重要内容。它们特别关注研究生是否理解“学术论文的标准”、“毕业答辩的要求”和“研究工作的要求和标准”。较之于澳大利亚，英国高等教育研究院更强调研究生能够“理解过程监督中每一步的要求和时间限制”。

除了上述五个共同的维度，英国高等教育研究院在2013年调查问卷中增加了责任维度，致力于考察研究生对学习过程中个人、导师以及院系的权责是否了解。例如调查者将回答他是否“理解本人作为一名学术型研究生的责任”，是否“意识到作为一名研究生，导师对其所负的责任”等问题。

（四）英国、澳大利亚两国研究生科研体验调查的指标表现（2009～2012年）

依据现有的数据资料，下文将对英国和澳大利亚研究生科研体验调查在2009年至2012年间各维度的指标表现进行比较分析。[①]

1. 两国2012年研究生科研体验的得分较2009年均有显著增长

图3－1显示：从2009年至2012年，澳大利亚和英国五个维度指标的得分均不断上升。以英国为例，“导师指导”从4.03分上升到4.18分；“基础设施”从3.75分上升到3.91分；“研究氛围”从3.50分上升至3.65分；“目标与标准”从3.79分上升至3.95分；“论文答辩”从4.01分上

① 英国2012年没有开展研究生科研体验调查，故我们采用的是英国2011年研究生科研体验调查的调查结果；澳大利亚的计分方法与英国不同，故报告给出的各维度得分与英国完全不同，我们按照其各题目中不同选项的频数分布以英国的计分方法将其转换，得到与英国可比的分数。

升到4.12分。其中，值得一提的是澳大利亚在“目标与标准”维度得分从4.33分上升到4.40分。

这一趋势充分体现了英国、澳大利亚两国研究生培养不断优化的过程，从而反映出研究生科研体验调查对院校改进与院校发展所起的重要作用。在此项调查中，院校可以很好地通过“倾听学生的声音”来设计院校研究生培养过程优化的思路和具体抓手，有针对性地弥补研究生培养过程中的不足，增强研究生科研体验，从而提高研究生的培养质量。

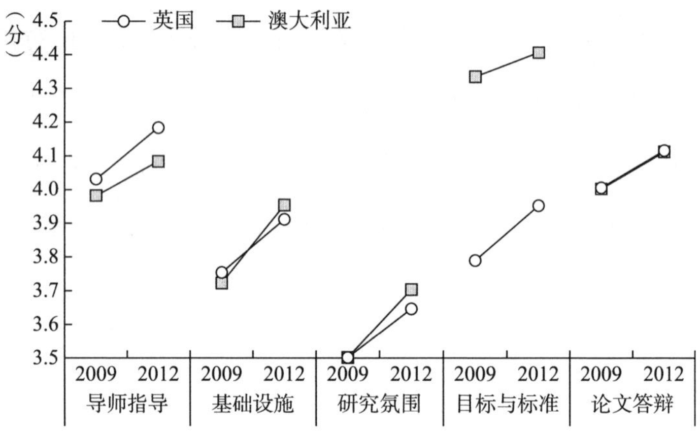

图3－1　英国、澳大利亚两国研究生科研体验调查的数据表现（2009～2012年）

资料来源：依据C. David, *Postgraduate Research Experience 2012: the Report of Postgraduate Research Experience Questionnaire*, Graduate Careers Australia Ltd, 2013和H. Laura and B. Alex, *Postgraduate Research Experience Survey 2011*, The Higher Education Academy, 2011相关资料整理。

2. 融入院系的困难与研究经费的缺乏是两国研究生培养过程的共同短板

在2009年和2012年的调查结果中，两国得分倒数第一的维度均为“研究氛围”。这说明在两国的研究生培养过程中，让研究生真正地融入院系，与其他研究生和教师成为学术共同体，从科学研究的合作与交流中获得乐趣，由内在动机驱动从事学术工作的难度最大。在“研究氛围”这一维度，澳大利亚得分最低的题项是“院系的研究氛围能激励我工作”，英国得分最低的题项是“我能够融入院系”。这表明对于院系而言，营造一个易于研究生融入且能激发研究生主动融入的研究氛围是当前研究生培养过程优化的重要方向。

两国得分倒数第二的维度均为“基础设施”，这表明院校所提供的支持研究生开展科研活动的基础设施是不足的。在“基础设施”这一维度，得分最低的题项均为“有适当经费支持研究活动”。这表明在科研活动基础设施的提供上，经费的供给尤为不足。

3. 两国在研究生培养上各自具有不同的优势

虽然英国、澳大利亚两国在研究生培养上具有共同的短板，但从两国调查中得分最高的题目来看，其研究生培养具有不同的优势和特点（见表 3 -4）。

第一，在“导师指导”维度：澳大利亚导师对研究生的指导可能更及时、更细致，英国导师的专业水准和知识储备可能更让学生觉得满意。

第二，在“研究氛围”维度：澳大利亚研究生之间的学术社交的机会可能比较多，英国研究生通过“习明纳”(Seminar) 这种研讨班形式来进行学术交流的机会可能比较多。

第三，在“基础设施”维度：澳大利亚研究生可能在工作场所具有更多的选择，英国研究生可能对其图书馆的藏书和服务更加满意。

第四，在“目标与标准”维度：澳大利亚研究生可能更明白其毕业论文的要求，英国研究生可能更了解其平时研究工作的标准。

第五，在“论文答辩”维度：两国研究生都不约而同地认为他们毕业论文的答辩过程是公正的。

表 3－4　2012 年英国、澳大利亚两国研究生科研体验调查（PRES）中得分最高的题目

维度	澳大利亚题目	英国题目
导师指导	当我需要的时候总能得到导师指导	导师的技能和专业知识足够支持我的研究
研究氛围	院系提供了让我与其他研究生交往的机会	院系为研究生提供了很好的研讨项目
基础设施	我有合适的工作间	图书馆资源充足
目标与标准	我理解毕业论文所应达到的标准	我理解研究工作的标准
论文答辩	论文答辩的过程公正	论文答辩的过程公正

二　能力增值：培养质量的主观感知*

研究生自我汇报的能力增值是学生视角下研究生培养质量的直接体现。在“以学生为中心”的理念下，能力增

* 本节部分内容曾刊发于《宏观质量研究》2020 年第 1 期（王传毅等：《博士生培养质量及其影响因素研究——基于 *Nature* 全球博士生调查的实证分析》）。

值的测量通常采取面向学生群体开展问卷调查的方式进行，在问卷中设计一组相应的量表，由学生自我报告接受研究生教育后的能力提升情况，从而反映研究生培养质量。

（一）能力增值的测量方法

研究生培养质量可视为研究生教育给研究生个体带来的增值性影响，在“以学生为中心”的理念下通常使用研究生自我陈述的能力提升程度予以衡量。例如调查者向研究生询问，在学经历是否提高了研究生“独立科研能力”“合作科研能力”“分析能力”“管理好一个研究项目的信心”“沟通技能”“职业生涯管理技能”等，是否使研究生“有信心解决不熟悉的问题”“能够将自己的观点和陈述形成文字”，是否让研究生形成了“新的思维方式”“沟通能力”“规划自我职业生涯的意识”等。正如英国质量保障署所制定的《高等教育学术质量与标准的保障准则》中规定的：“高等教育的提供者应当与它的职员、学生以及利益相关者共同努力，明确和系统地审核和加强学习机会和教学实践的提供，从而使每个学生作为一名独立的学习者在其选择的专业领域深入探究，增强他们的分析能力、批判能力和创造性思维。”①

但测量能力增值的前提在于，具有一个针对研究生能力发展的质量标准或资历框架。英国高等质量保障署所发布的《研究生技能培养要求》中规定，研究生应具备的核

① Quality Assurance Agency, “Code of Practice for the Assurance of Academic Quality and Standards in Higher Education,” www. qaa. ac. uk.

心能力素质包括 7 个方面：①研究技能与技术（research skills and techniques）；②研究环境感知（research environment）；③研究管理（research management）；④个人效能（personal effectiveness）；⑤沟通技能（communication skills）；⑥团队合作（networking and team working）；⑦职业生涯管理（career management）。[①] 此外，《研究生技能培养要求》特别关注可迁移能力：“不论在学术领域内部还是外部的就业机会，学生都具有洞察其迁移本质的能力，能够将研究技能迁移至其他的工作环境。”[②]

在博士生层次，不少国家和组织已经做出了明确要求。联合国教科文组织提出博士应当“致力于高级学习和原创性研究”；[③] 欧盟教育资历框架从知识、技能和胜任力三方面出发，认为博士应当具有某一学科领域或相关学科交叉领域最前沿的知识，具备高级和专业化技能及综合评价能力，能够在工作、科研的前沿创设新的观念；美国研究生院理事会认为博士应当成为一名发现、整合、应用、交流和传播知识的学者，强调为知识发展做出原创性贡献；[④] 英国质量保障署强调博士应当具备开展原创性研究并解释新知识、系统地获取和理解前沿性知识、创造新知识、应用或理解学科的前沿项目、探究科研前沿的方法等能力；澳大利

① Quality Assurance Agency, “Joint Statement of the Research Councils Skills Training Requirement for Research Students,” www. qaa. ac. uk.

② Quality Assurance Agency, “Joint Statement of the Research Councils Skills Training Requirement for Research Students,” www. qaa. ac. uk.

③ UNESCO Institute for Statistics, *International Standard Classification of Education: ISCED 2011*, UNESCO Institute for Statistics, 2012.

④ Council of Graduate Schools in the US, *The Doctor of Philosophy Degree: A Policy Statement*, ERIC Clearinghouse, 1977.

亚的资历框架认证提到博士应能够运用大量知识，并在至少一个学术领域或职业实践中开展研究和创造新知识。我国学位条例规定，博士应该在本门学科上掌握坚实宽广的基础理论和系统深入的专门知识，具有独立从事科学研究工作的能力，并在科学知识或专门技术上做出创造性的成果。

然而随着知识生产方式的转型与经济社会的发展，博士就业选择趋向多样。[①] 在此背景下，需要从更宽广的角度来审视博士培养质量，如美国"改革博士"项目委员会认为博士生应该掌握学科知识、职业选择、教学、人际交往、公民责任、职业道德能力等内容；澳大利亚研究生院理事会强调博士生需要具备企业家精神、人际交往能力、职业规划能力等内容；[②] 英国研究委员会和人文艺术研究委员会提出博士生应具备的能力包括研究技能与技巧、个人能力、沟通技巧、职业生涯管理4个方面；[③] 欧盟高等教育资格框架标准对博士生的能力要求则包括学识和认知能力、应用知识能力、判断思考能力、沟通交流能力、学习能力五个方面。[④] 有别于从事科学研究、生产原创性知识等学术能力（academic skills），职业规划、人际交往、沟通交流等被称

---

① C. Wendler et al., "Pathways through Graduate School and into Careers," *Educational Testing Service*, 2012.

② R. Gilbert et al., "The Generic Skills Debate in Research Higher Degrees," *Higher Education Research & Development*, Vol. 23, No. 3, 2004, pp. 375 - 388.

③ Sociallearn, "Research Skills Required by PhD Students," http://cloudworks. ac. uk/cloudscape/view/2014.

④ Denmark Ministry of Science, Technology and Innovation, *Qualifications: A framework for qualifications of the European higher education area/Bologna Working Group Report on Qualifications Frameworks*, Ministry of Science, Technologie and Innovation, 2005.

为通用能力（generic skills）。综上所述，通用能力成为继学术能力之外衡量博士生培养质量的新元素。英国推出的“GRAD 计划”、美国的“培养未来师资计划”和“重思博士生教育计划”都关注到将通用能力融入博士生教育的重要意义。因此，博士生培养质量既包括学术能力的提升，又包括通用能力的提升。

（二）能力增值的全球对比

《自然》杂志每两年开展一次全球在读博士生体验调查，本节所用数据来源于 2019 年的调查，调查问卷涵盖博士生个人背景信息、培养过程、教育收获等主题。考虑到全球调查可能存在跨文化差异，在正式调查问卷形成前，调查组织者先进行了探索性的质性访谈，以保证调查对象对于问卷题项的认知一致性。基于该调查数据，可以对比全球 10 个博士生教育大国的博士生自陈报告中的能力提升情况，调查问卷的对应题项以 5 点李克特量表测量，数值 1～5分别代表能力提升非常小、小、一般、大和非常大。结果如表 3－5 所示。

表 3－5　10 国博士生能力提升评价情况

能力	中国	美国	德国	日本	韩国	澳大利亚	法国	英国	俄罗斯	加拿大
收集数据能力	3.52	4.26	3.96	3.80	4.01	4.22	3.94	4.24	3.79	4.12
分析数据能力	3.53	4.21	3.93	3.87	3.99	4.21	4.05	4.20	3.84	4.22

续表

能力	中国	美国	德国	日本	韩国	澳大利亚	法国	英国	俄罗斯	加拿大
设计稳健可重复性实验的能力	3.58	4.10	3.79	3.76	3.78	4.10	3.92	4.02	3.74	3.99
撰写可发表期刊论文的能力	3.54	3.94	3.65	3.67	3.70	4.13	3.67	3.72	3.53	4.04
受到专家质疑后的韧性	3.33	3.51	3.16	3.47	3.44	3.65	3.19	3.31	2.95	3.51
向专家呈现研究结果	3.62	4.09	3.94	3.70	3.63	4.13	4.07	4.12	3.63	4.07
向公众呈现研究结果	3.20	3.39	3.05	3.34	3.17	3.47	3.45	3.59	2.79	3.47
申请基金的能力	3.02	3.33	2.62	3.00	3.33	2.90	2.50	2.72	3.37	3.30
找到满意工作的能力	3.02	2.99	2.63	2.91	3.00	2.78	2.76	2.90	2.74	2.74
管理复杂项目的能力	3.02	3.59	3.30	3.10	3.46	3.63	3.33	3.63	2.95	3.63
制定商业计划的能力	2.55	2.10	2.08	2.72	2.86	2.26	2.14	2.27	2.32	2.16
人员管理能力	2.84	2.69	2.67	2.64	3.16	2.78	2.48	2.76	3.11	2.84
预算管理能力	2.69	2.11	2.08	2.53	3.01	2.37	2.02	2.32	2.16	2.24

数据来源：基于《自然》调查原始数据计算得出。

使用主成分分析法及凯撒正态化最大方差法旋转，表征学生自陈博士生培养质量的 12 项能力提升，共提取出两个因子，KMO 值达到0.895，巴特利特球形度检验得出显著性为0.000（见表3－6），表明适合进行因子分析。由旋转后的成分矩阵（见表3－7）可知，因子1包括“分析数据能力”等6项，正好与现有理论中所提到的博士生专业学习、科研训练等方面相关，将其命名为“学术能力”；因子2包括“预算管理能力”等6项，正好与现有理论中所提到的各类通用技能相关，将其命名为“通用能力”。

表3－6　KMO和巴特利特检验结果

KMO 取样适切性量数		0.895
巴特利特球形度检验	近似卡方	32118.888
	自由度	66
	显著性	0.000

表3－7　旋转后的成分矩阵

指标	因子1	因子2
分析数据能力	0.836	
收集数据能力	0.814	
设计稳健可重复性实验的能力	0.801	
撰写可发表期刊论文的能力	0.701	
向专家呈现研究结果	0.697	
受到专家质疑后的韧性	0.562	
预算管理能力		0.872
制定商业计划的能力		0.852
人员管理能力		0.800

续表

指标	因子 1	因子 2
申请基金的能力		0.603
管理复杂项目的能力		0.537
向公众呈现研究结果		0.513

由图 3－2 全球博士生培养质量对比情况可知，澳大利亚（3.467）、美国（3.456）、加拿大（3.444）、韩国（3.434）和英国（3.429）等国的博士生感知的培养质量高于全球平均值（3.363），而中国博士生感知的培养质量（3.205）低于全球平均水平。分学术能力和通用能力看，各国博士生学术能力提升情况普遍好于通用能力，且澳大利亚（4.063）、美国（4.026）、英国（3.951）和加拿大（3.986）博士生感知的学术能力提升值高于全球平均水平（3.860），韩国（3.173）博士生感知的通用能力提升值明显高于全球平均水平（2.928），而中国博士生感知的学术能力提升值（3.521）低于全球平均值，通用能力提升的数值（2.901）则与全球平均值接近。

此外，图 3－2 还显示德国、法国等欧洲国家博士生感知的通用能力提升明显低于全球平均水平。这主要是与欧洲大学的博士教育传统密切相关。德国等欧洲国家的博士生教育素以“培养学者”为至上法则，洪堡在 19 世纪初就提出“大学是以纯知识为对象的学术研究机构……应有一种精神贵族的气质和对纯学术的强烈追求”，在这种研究型大学中，博士生被视为研究者，强调在研究过程中完善修养。[①] 此后很长一段时期内，德国的博士生培养模式遵循师徒制（master-apprentice model），培养目标是训练今后学术界的接班人。[②] 博士生一般不需要修习课程，从日常科研训练到博士学位论文评阅，导师都处于绝对支配地位，“博士之父”（doktorvater）、“博士之母”（doktormutter）的称呼也由此得来。[③] 这种高度依赖导师个体的培养模式所带来的负面产物之一就是忽视对通用能力的培养。虽然自推行博洛尼亚进程和里斯本战略后，欧洲的博士生教育通过设立博士生院等方式逐渐走向结构化，开始重视系统的课程修习，为博士生进入多元职业奠定基础，但和北美国家相比，传统师徒制的培养模式依然盛行。

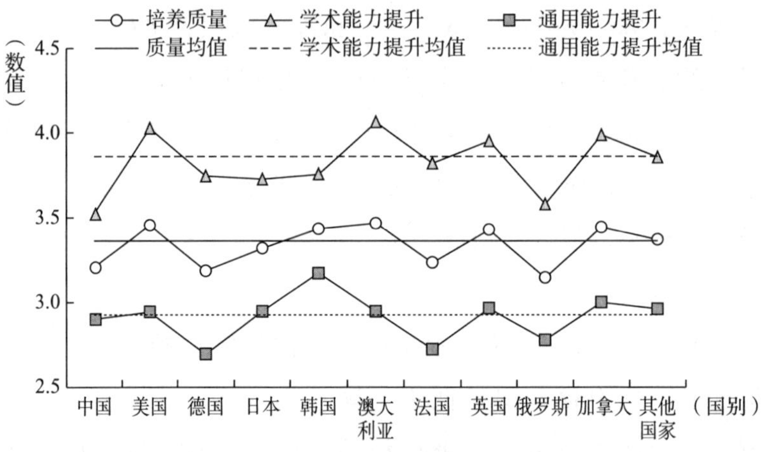

图 3-2　全球博士生培养质量描述统计情况

① 陈洪捷：《德国古典大学观及其对中国大学的影响》，北京大学出版社，2002，第 44 页。

② 朱佳妮、朱军文、刘莉：《德国博士生培养模式的变革——“师徒制”与“结构化”的比较》，《学位与研究生教育》2013 年第 11 期。

③ 秦琳：《从师徒制到研究生院——德国博士研究生培养的结构化改革》，《学位与研究生教育》2012 年第 1 期。

（三）能力增值的影响因素

已有研究围绕学生能力提升的影响因素开展了先行探索，并形成学生参与理论，用以解释为什么学生接受教育后会有不同的能力提升。[①] 研究生教育中的学生参与是形成专业身份认同的社会化过程。[②] 对博士生而言，最重要的是学术参与。博士生的学术参与首先表现在自身的读博动机和学习时间投入上。Grabowski 和 Miller 在对美国商科博士生的研究中发现，读博动机会影响博士生的教育过程及能力提升。[③] 对俄罗斯 112 名自然科学领域博士生的研究表明，读博动机和培养单位提供的支持共同作用于博士生教育产出，[④] 缺乏学术动机的学生难以保证足够的学习时间的投入，进而给教育产出带来负面作用，这也是造成国外博士生流失率偏高的重要原因之一。根据 Anderson 等人的研究，博士生的学术参与还和学术指导密切相关。[⑤] 导师作为

---

① A. Austin, "Student Involvement: A Developmental Theory for Higher Education," *Journal of College Student Development*, Vol. 40, No. 5, 1984, pp. 518 – 529; E. T. Pascarella and P. T. Terenzini, *How College Affects Students Volume 2 A Third Decade of Research*, Jossey-Bass, 2005.

② S. K. Gardner and B. J. Barnes, "Graduate Student Involvement: Socialization for the Professional Role," *Journal of College Student Development*, Vol. 48, No. 4, 2007, pp. 369 – 387.

③ L. J. Grabowski and J. Miller, "Business Professional Doctoral Programs: Student Motivations, Educational Process, and Graduate Career Outcomes," *International Journal of Doctoral Studies*, Vol. 10, 2015, pp. 257 – 278.

④ M. F. Lynch et al., "Internal Motivation among Doctoral Students: Contributions from the Student and from the Student's Environment," *International Journal of Doctoral Studies*, Vol. 13, 2018, pp. 255 – 272.

⑤ B. Anderson et al., "Academic Involvement in Doctoral Education: Predictive Value of Faculty Mentorship and Intellectual Community on Doctoral Education Outcomes," *International Journal of Doctoral Studies*, Vol. 8, 2013, p. 195.

博士生教育经历的“重要他人”，在其能力养成中扮演着关键角色。大量研究表明导生关系及导师指导的风格和水平是影响博士生满意度及学业成就的重要因素。[①] 另外，博士生培养单位所提供的学术支持[②]、经济支持[③]、职业支持[④]等也会影响博士生能力提升。

国内学者围绕博士生能力提升的影响因素也进行了一些探索。李丽和王前基于某省 1508 份调查问卷，发现读博动机、学科水平、学术氛围、导师指导和科研条件是影响博士生能力提升的主要因素。[⑤] 尹晓东基于重庆五所高校调研数据，指出影响博士生能力提升的因素包括读博动机、学术品质、学术活动参与、培养过程中的导师指导、学术交流情况等。[⑥]

从既有文献可以看出，重视学生主体地位、以学生主观报告的能力提升为指标衡量研究生培养质量已成为普遍

① Friedrich-Nel et al.,“The Quality Culture in Doctoral Education: Establishing the Critical Role of the Doctoral Supervisor,” *Innovations in Education and Teaching International*, Vol. 56, No. 2, 2019, pp. 140 – 149; T. Mainhard et al.,“A Model for the Supervisor-Doctoral Student Relationship,” *High Education*, Vol. 58, No. 3, 2009, pp. 359 – 373.

② J. C. Weidman et al., *Socialization of Graduate and Professional Students in Higher Education: A Perilous Passage*? Jossey-Bass, 2001.

③ R. L. Brooks and, D. Heiland,“Accountability, Assessment and Doctoral Education: Recommendations for Moving Forward,” *European Journal of Education*, Vol. 42, No. 3, 2007, pp. 351 – 362.

④ Jianxiu Gu, et al.,“Reproducing ‘Academic Successors’ or Cultivating ‘Versatile Experts’: Influences of Doctoral Training on Career Expectations of Chinese PhD Students,” *Higher Education*, Vol. 76, No. 3, 2018, pp. 427 – 447.

⑤ 李丽、王前：《基于实证的博士生教育质量影响因素分析》，《学位与研究生教育》2012 年第 9 期。

⑥ 尹晓东：《博士研究生培养质量主要影响因素研究——基于重庆五所高校的实证分析》，博士学位论文，西南大学，2014。

趋势。目前对于学生能力提升影响因素的研究多从个体特征和培养过程两方面展开，聚焦到博士生教育，核心培养过程涵盖导师指导、科研训练、沟通合作等环节，培养单位提供的学术会议机会、科研基金与奖助津贴、职业规划建议与指导等作为重要的资源支撑也作用于博士生能力提升。但审视现有文献，还存在有待改进之处：第一，对博士生培养质量的概念界定虽已同时包括学术能力和通用能力两方面，但尚未分别剖析哪些因素会提升博士生学术能力和通用能力；第二，对博士生培养质量影响因素的考察多局限于省域或国家边界内，但伴随着博士生教育国际化进程的推进，有必要以全球视野重新认识博士生教育的人才培养功能。鉴于上述不足，本节继续利用全球博士生体验调查数据，探究哪些因素影响博士生培养质量，并进一步识别提升学术能力与通用能力的影响因素。

1. 样本、变量及方法

（1）研究样本

《自然》杂志全球调查中，有效样本共计 6812 人，其中，中国有效样本占比 11.23%（765 人）、美国有效样本占比 22.72%（1548 人）、德国有效样本占比 7.75%（528 人）、日本有效样本占比 1.38%（94 人）、韩国有效样本占比 1.23%（84 人）、澳大利亚有效样本占比 2.83%（193 人）、法国有效样本占比 2.13%（145 人）、英国有效样本占比 7.72%（526 人）、俄罗斯有效样本占比 0.28 %（19 人）、加拿大有效样本占比 2.79%（190 人），上述 10 个博士教育强国占全部有效样本的比例为 60.07%，其他国家有效样本占比 39.93%（2720 人）。在性别方面，男性博士生比例为49.47%，女性博士生比例为50.53%。

（2）变量及描述性统计

因变量为博士生培养质量，以学生自我陈述的能力提升5点李克特量表衡量，1～5分别表示“能力提升非常小”、“能力提升小”、“能力提升一般”、“能力提升大”和“能力提升非常大”。博士生个体特征变量包括：①年龄，分为18岁以下、18～24岁（参照组）、25～34岁、35～44岁、45～54岁、55～64岁、65岁及以上；②性别（女性为参照组）；③读博动机（非学术动机为参照组）；④每周学习投入时间，分为少于11小时（参照组）、11～40小时（低度学习投入）、41～70小时（中度学习投入）和超过71小时（高度学习投入）四组；⑤兼职工作（以在读期间无兼职工作为参照组）。博士生培养过程变量共13个题项，测度博士生对于导生关系、科研训练、社交合作、津贴福利、职业帮助等方面的满意度感知，均为定序变量，由1～7满意程度依次增强。国别为分类变量，本节中作为控制变量处理。变量情况详细说明及描述性统计见表3－8。

表3－8　变量情况详细说明及描述性统计

变量名	变量类型	样本数	均值	标准差	最小值	最大值
博士生培养质量	定序变量	6794	2.923	0.782	1	5
收集数据能力	定序变量	6647	4.035	0.979	1	5
分析数据能力	定序变量	6717	4.020	1.008	1	5
设计稳健可重复性实验的能力	定序变量	6594	3.905	1.010	1	5
撰写可发表期刊论文的能力	定序变量	6652	3.825	1.063	1	5

续表

变量名	变量类型	样本数	均值	标准差	最小值	最大值
受到专家质疑后的韧性	定序变量	6386	3.411	1.105	1	5
向专家呈现研究结果	定序变量	6708	3.935	0.974	1	5
向公众呈现研究结果	定序变量	6604	3.351	1.121	1	5
申请基金的能力	定序变量	6476	3.031	1.175	1	5
管理复杂项目的能力	定序变量	6560	3.376	1.141	1	5
制定商业计划的能力	定序变量	6004	2.302	1.108	1	5
人员管理能力	定序变量	6374	2.828	1.193	1	5
预算管理能力	定序变量	6009	2.402	1.137	1	5
博士生个体特征变量						
年龄	定序变量，18岁以下=1，18~24岁=2，25~34岁=3，35~44岁=4，45~54岁=5，55~64岁=6，65岁及以上=7	6787	3.017	0.589	2	7
性别	二分变量，男性=1，女性=0	6736	0.495	0.500	0	1
读博动机	二分变量，学术动机=1，非学术动机=0	6648	0.816	0.387	0	1

续表

变量名	变量类型	样本数	均值	标准差	最小值	最大值
学习投入	定序变量，少于 11 小时 =1，低度投入 =2，中度投入 =3，高度投入 =4	6812	2.829	0.686	1	4
兼职工作	定序变量，有 =1，无 =0	6812	0.195	0.396	0	1
培养过程变量						
导生关系	定序变量	6756	5.045	1.854	1	7
导师指导	定序变量	6702	4.505	1.895	1	7
导师外他人指导	定序变量	6565	4.620	1.774	1	7
学术会议参与	定序变量	6710	5.010	1.721	1	7
学术发表	定序变量	6488	3.705	1.827	1	7
科研自主性	定序变量	6777	5.369	1.541	1	7
基金充裕性	定序变量	6644	4.558	1.951	1	7
助教工作	定序变量	5656	4.460	1.642	1	7
合作机会	定序变量	6717	4.661	1.770	1	7
社交环境	定序变量	6781	4.611	1.745	1	7
津贴资助	定序变量	6706	4.302	1.926	1	7
保健福利	定序变量	6536	4.061	1.988	1	7
职业生涯指导与建议	定序变量	6660	3.659	1.758	1	7
控制变量						
国别	分类变量	6812	——			

（3）研究方法

本节首先通过因子分析探索博士生培养质量的类型划分，由于因变量为定序变量，故随后采用 Order Probit 回归模型分别分析不同类型博士生培养质量的影响因素。需要指出的是，在分析学生能力提升的影响因素时，通常也将定序变量视为连续变量处理，如王春超和钟锦鹏[①]对儿童非认知能力影响因素的研究，George Kuh[②] 基于全美大学生学习投入调查（NSSE）的相关研究。在选择回归模型时，自 Tobin[③] 提出受限因变量问题后，对于存在上下限的被解释变量通常采用 Tobit 模型，鉴于博士生培养质量的取值介于 1～5，因此本节也使用 Tobit 回归考察了博士生培养质量的影响因素。最后，以 OLS 回归进行稳健性检验。

2. 分析结果

表 3－9 汇报了全球博士生培养质量影响因素的 Order Probit 回归和 Tobit 回归结果。回归结果均显示，在控制国别的条件下，博士生每周学习投入时间越多、导生关系越融洽、导师和导师外其他人的指导越好、学术会议参与的机会越多、学术成果发表越多、科研基金越充裕、合作机会越多、社交环境和保健福利情况越好以及关于职业生涯指导与建议越充分，博士生培养质量的提升就越显著。这一结果支持既有研究结论，即个人特征和培养过程均会影响博士生培养质量，保障培养质量需要博士生个人、导师及培养单位的共同努力。

---

① 王春超、钟锦鹏：《同群效应与非认知能力——基于儿童的随机实地实验研究》，《经济研究》2018 年第 12 期。

② G. D. Kuh "The National Survey of Student Engagement: Conceptual and Empirical Foundations," *New Directions for Institutional Research*, Vol. 2009, No. 141, 2009, pp. 5－20.

③ James Tobin, "Estimation of Relationships for Limited Dependent Variables," *Econometrica*, Vol. 26, No. 1, 1958, p. 24.

表 3－9 全球博士生培养质量影响因素的回归结果

影响因素	Order Probit 回归			Tobit 回归		
	培养质量	学术能力	通用能力	培养质量	学术能力	通用能力
年龄	0.009 (0.031)	－0.002 (0.031)	0.033 (0.030)	－0.004 (0.016)	－0.018 (0.019)	0.014 (0.021)
性别	0.027 (0.033)	0.012 (0.033)	0.022 (0.032)	0.005 (0.017)	－0.001 (0.020)	0.014 (0.023)
读博动机	0.084* (0.043)	0.099* (0.042)	0.034 (0.041)	0.034 (0.022)	0.036 (0.026)	0.037 (0.029)
低度学习投入	0.230* (0.090)	0.331*** (0.087)	0.057 (0.087)	0.153*** (0.046)	0.259*** (0.054)	0.087 (0.061)
中度学习投入	0.358*** (0.086)	0.514*** (0.084)	0.085 (0.083)	0.223*** (0.045)	0.391*** (0.052)	0.112 (0.058)
高度学习投入	0.571*** (0.094)	0.674*** (0.092)	0.366*** (0.091)	0.341*** (0.048)	0.466*** (0.056)	0.300*** (0.064)
兼职工作	0.011 0.009	0.011 －0.002	0.053 0.033	0.014 (0.023)	－0.022 (0.026)	0.040 (0.030)
培养过程						
导生关系	0.036** (0.013)	0.022 (0.013)	0.024 (0.013)	0.022** (0.007)	0.019* (0.008)	0.022* (0.009)
导师指导	0.081*** (0.014)	0.105*** (0.014)	0.024 (0.014)	0.042*** (0.007)	0.070*** (0.008)	0.020* (0.010)
导师外他人指导	0.046*** (0.013)	0.040** (0.013)	0.041*** (0.012)	0.027*** (0.007)	0.025** (0.008)	0.033*** (0.009)
学术会议参与	0.029* (0.011)	0.042*** (0.011)	0.013 (0.011)	0.021*** (0.006)	0.037*** (0.007)	0.011 (0.008)
学术成果发表	0.101*** (0.010)	0.097*** (0.010)	0.053*** (0.010)	0.050*** (0.005)	0.064*** (0.006)	0.041*** (0.007)
科研自主性	0.021 (0.013)	0.051*** (0.013)	0.007 (0.012)	0.015* (0.007)	0.034*** (0.008)	0.001 (0.009)

续表

影响因素	Order Probit 回归			Tobit 回归		
	培养质量	学术能力	通用能力	培养质量	学术能力	通用能力
基金充裕性	0.037*** (0.011)	0.029** (0.010)	0.012 (0.010)	0.017** (0.005)	0.020** (0.006)	0.014 (0.007)
助教工作	0.005 (0.011)	0.019 (0.011)	0.010 (0.011)	0.009 (0.006)	0.013 (0.007)	0.009 (0.008)
合作机会	0.046*** (0.012)	0.029* (0.011)	0.052*** (0.011)	0.029*** (0.006)	0.020** (0.007)	0.040*** (0.008)
社交环境	0.050*** (0.011)	0.037*** (0.011)	0.042*** (0.010)	0.031*** (0.006)	0.028*** (0.007)	0.034*** (0.007)
津贴资助	0.006 (0.011)	0.007 (0.011)	0.023* (0.011)	0.008 (0.006)	-0.001 (0.007)	0.016* (0.008)
保健福利	0.029** (0.010)	0.014 (0.010)	0.028** (0.010)	0.017** (0.005)	0.010 (0.006)	0.020** (0.007)
职业生涯指导与建议	0.167*** (0.012)	0.070*** (0.012)	0.177*** (0.012)	0.096*** (0.006)	0.045*** (0.007)	0.130*** (0.008)
控制国别	是	是	是	是	是	是
cut1	0.905*** (0.148)	0.730*** (0.147)	0.817*** (0.141)			
cut2	2.412*** (0.149)	1.754*** (0.145)	2.114*** (0.143)			
cut3	4.298*** (0.155)	3.218*** (0.148)	3.444*** (0.146)			
cut4	6.076*** (0.171)	5.071*** (0.156)	4.676*** (0.156)			
常数项				1.490*** (0.075)	1.692*** (0.088)	1.206*** (0.099)
N	4833	4832	4826	4833	4832	4826
Pseudo R^2	0.177	0.142	0.110	0.216	0.165	0.126

注：括号内为稳健标准误。* 表示 $p<0.05$，** 表示 $p<0.01$，*** 表示 $p<0.001$。由于以虚拟变量方式控制了10个国家的效应，且各国均值在前面部分已经呈现，限于篇幅在此略去。

影响博士生学术能力提升的因素与博士生培养质量的影响因素高度重合。在控制国别的情况下，博士生每周学习投入时间越多、导师指导和导师外其他人的指导越好、参与学术会议的机会越多、学术成果发表越多、科研自主性越强、科研基金越充裕、合作机会越多、社交环境越好以及越良好的职业生涯指导与建议均能越显著提升博士生的学术能力。读博动机对提升博士生学术能力的影响并不稳定。这可能是由于博士生在选择开始读博生涯之时，并未充分认识到博士阶段学习的特征，也没有意识到博士学位所具有的价值与未来的发展道路。一些报考之时想读博的博士生真正进入博士生涯之后，发现真实的情况与想象中的情况可能差距甚大，因此也仅仅想着以应付的方式来迅速毕业，而并非真正利用博士阶段的学习提升自己的能力。美国研究生院理事会的一项调查显示，美国博士生在入学后十年内的流失率上升趋势非常显著。在入学第一年，有 7.1% 的理工科博士生、5.9% 的人文社科博士生流失；在入学第三年，累计有 22.5% 的理工科博士生、15.9% 的人文社科博士生流失；在入学第十年，累计有 31.7% 的理工科博士生和 29.1% 的人文社科博士生流失。[①] 而年龄、性别、是否承担助教工作、津贴资助和保健福利等非学术性支持与提升博士生的学术能力并不显著相关，这表明学术能力的培养更依赖于与学术相关的培养过程，而并不依赖于定向、充足的津贴、福利及助教工作等与学术不直接相

① 王传毅、杨佳乐、李伊明：《美国在学博士规模究竟有多大：测算模型及其应用》，《研究生教育研究》2019 年第 1 期。

关的工作。

影响通用能力提升的因素则与影响学术能力的因素有所差异。在控制国别的情况下，虽然高度的学习投入、导师和导师外其他人的指导及学术成果发表情况也会显著影响到博士生通用能力的培养，但通用能力的提升还有赖于博士培养单位提供更好更多的合作机会、社交环境、津贴资助、保健福利、职业生涯指导与建议。培养过程中学术会议参与机会、科研自主性、科研基金充裕性等学术性支持的水平对提升通用能力的影响并不显著。这是因为通用能力的提升更多发生于沟通、合作的场景中，单独的学术性支持难以有效支撑博士生通用能力的培养。同时，西方国家也更多地采用开设软技能课程或可迁移能力课程的方式来培养研究生的通用能力。

3. 稳健性检验

为检验回归结果的稳健性，使用 OLS 回归检验博士生培养质量的影响因素。表 3 – 10 中的 OLS 回归结果与 Order Probit 回归和 Tobit 回归结果基本保持一致，博士生培养质量与每周学习投入时间、导生关系、导师和导师外其他人的指导、学术会议参与的机会、学术成果发表、科研自主性、科研基金、合作机会、社交环境、保健福利以及职业生涯指导与建议显著正相关。学术能力和通用能力的影响因素也基本保持一致的影响方向和显著性。稳健性检验结果充分表明，本节所识别出的影响博士生培养质量、学术能力和通用能力的因素具有稳健性。考虑到不同国别间的可比性问题，使用邹检验（Chow test）比较分国别回归的组间系数差异。检验结果显示，不同国别间博士生每周学习投入时间、学术会议参与的机会、合作机会、社交环境、保健福利、职业生涯指导与建议的系数在 0.05 水平上并不存在显著差异。①

表 3-10 博士生培养质量影响因素的稳健性检验结果

影响因素	OLS 回归		
	培养质量	学术能力	通用能力
年龄	-0.008 (0.017)	-0.024 (0.017)	0.010 (0.022)
性别	0.004 (0.017)	0.000 (0.019)	0.013 (0.022)
读博动机	0.034 (0.022)	0.035 (0.024)	0.033 (0.028)
低度学习投入	0.152** (0.050)	0.253*** (0.056)	0.084 (0.057)
中度学习投入	0.223*** (0.048)	0.378*** (0.054)	0.109* (0.054)
高度学习投入	0.336*** (0.053)	0.432*** (0.060)	0.292*** (0.060)
兼职工作	0.012 (0.024)	-0.024 (0.026)	0.038 (0.030)
培养过程			
导生关系	0.022** (0.007)	0.020* (0.008)	0.022* (0.009)
导师指导	0.041*** (0.008)	0.067*** (0.009)	0.019 (0.010)
导师外他人指导	0.026*** (0.007)	0.023** (0.008)	0.031*** (0.009)

① 限于篇幅此处并未汇报检验结果，感兴趣的读者可向本书作者索取。

续表

影响因素	OLS 回归		
	培养质量	学术能力	通用能力
学术会议参与	0.021** (0.006)	0.036*** (0.007)	0.010 (0.008)
学术发表	0.049*** (0.006)	0.059*** (0.006)	0.040*** (0.007)
科研自主性	0.015* (0.007)	0.032*** (0.008)	0.001 (0.009)
基金充裕性	0.016** (0.006)	0.018** (0.006)	0.013 (0.007)
助教工作	0.009 (0.006)	0.011 (0.007)	0.008 (0.008)
合作机会	0.029*** (0.006)	0.020** (0.007)	0.039*** (0.008)
社交环境	0.030*** (0.006)	0.026*** (0.007)	0.032*** (0.008)
津贴资助	0.008 (0.006)	-0.001 (0.007)	0.015* (0.008)
保健福利	0.016** (0.005)	0.009 (0.006)	0.019** (0.007)
职业生涯指导与建议	0.095*** (0.007)	0.039*** (0.007)	0.127*** (0.009)
是否控制国别	是	是	是
常数项	1.523*** (0.080)	1.804*** (0.088)	1.285*** (0.099)
R^2	0.386	0.340	0.280
Adj R^2	0.382	0.335	0.275

注：括号内为稳健标准误。* 表示 $p<0.05$，** 表示 $p<0.01$，*** 表示 $p<0.001$。由于以虚拟变量方式控制了10个国家的效应，且各国均值在前面部分已经呈现，限于篇幅在此略去。

综上，基于对2019年全球6812名博士生体验调查数据的分析发现以下几点结论。

第一，从国际比较情况来看，中国的博士生培养质量整体上低于全球平均水平，特别是学术能力的提升显著低于所对比的发达国家。因此，进一步加强学术训练、特别是针对影响学术能力提升的各类要素进行优化在未来一段时期显得尤为重要。

第二，博士生培养质量的提升是博士生、导师及培养单位三方互动、共同建构的过程，个人努力、导师指导、培养单位提供必要的支持保障三大要素缺一不可。总体而言，博士生每周学习投入时间越多、导生关系越融洽、导师和导师外其他人的指导越好、参与学术会议的机会越多、学术成果发表越多、科研基金越充裕、合作机会越多、社交环境和保健福利越好、职业生涯指导与建议越有帮助，博士生培养质量越高。

第三，在学术能力方面，博士生每周学习投入时间越多，导生关系越融洽，导师指导和导师外其他人的指导越好，学术成果发表越多，科研自主性越强，博士培养单位提供越好越多的学术会议参与机会、科研基金、合作机会、社交环境以及职业生涯指导与建议，博士生学术能力提升越大。学术能力提升与培养质量提升影响因素的高度重合也从侧面印证了博士生教育以“培养学术继承人”为己任的目标定位，无论经济社会发展对博士生教育提出怎样的新需求，学术能力始终是博士生必备的核心技能。

第四，在通用能力方面，博士生每周学习投入时间越多，导师外其他人的指导越好，学术成果发表越多，博士培养单位提供越好越多的合作机会、社交环境、津贴资助、保健福利、职业生涯指导与建议，博士生通用能力提升越大。培养通用能力是博士生适应多元职业路径的必然要求，也是西方博士生教育的改革重点。与学术能力提升有所区别，通用能力的提升更多生发于沟通、合作的场景之中，这就需要培养单位努力消解组织区隔与学科壁垒，以制度创新鼓励、支持跨机构、跨院系、跨学科的博士生培养模式改革，通过校所联合培养、校企联合培养、实验室轮转、依托跨学科研究中心等多种方式为博士生接触更广阔的沟通合作平台创造条件。开设专门课程也是英美国家培养博士生通用能力的重要举措。如伦敦大学学院面向博士生开设了包括知识与技能、个体效能、研究组织与治理、交流与影响四大模块的通用能力课程。[①]

此外，通用能力与学术能力对经济支持的依赖也存在差异，后者强调专项的科研基金支持，而非定向但充足的津贴资助对于前者更为重要。因而有必要设计多元的资助类型，更有针对性地满足差异化博士生群体的需求。

值得注意的是，虽然博士生培养质量可以映射至学术能力与通用能力两个维度，但从影响因素来看，二者并非完全割裂，学术能力的提升离不开丰富的合作机会与社交环境，通用能力也同样能够从学术训练环节中得到提高。而二者共同的影响因素也揭示了打开博士生培养质量“黑箱”的钥匙，即个人学习投入、导生关系、导师及导师外其他人指导、学术成果发表、合作与社交、职业生涯指导

---

① 王传毅、赵世奎：《21 世纪全球博士教育改革的八大趋势》，《教育研究》2017 年第 2 期。

与建议等均属于博士生培养质量的关键因素，应给予足够关注和重视。

最后，不可否认的是，仅仅使用学生自我报告的能力提升情况来评价研究生培养质量的做法存在主观性强、可比性差等局限。因此，未来需要进一步探索针对不同层次、不同类型研究生的基于客观证据的能力增值评价工具。

三　学术成果：在学研究生的知识生产贡献*

知识生产是研究生区别于其他类型学生的重要标志。参与撰写并发表学术成果是知识生产的重要形式，在一定程度能够反映研究生培养质量，特别是学术学位研究生的培养质量。基于此，本节以学术论文为观测点，以文献计量方法考察我国在学研究生在国内外高水平论文撰写中参与情况与学术贡献，从而对研究生培养质量进行测量。

（一）知识生产贡献测量方法

研究生参与学术论文写作，并基于在知识生产过程中的贡献，获得相应署名，是研究生培养质量的重要体现。但如何准确判断每个作者对于知识生产成果的贡献率具有一定难度。按照文献计量学的观点，一种解决方案是将全

* 本节部分内容曾刊发于《学位与研究生教育》2014 年第 2 期（袁本涛等：《我国在校研究生对国际高水平学术论文发表的贡献有多大？——基于 ESI 热点论文的实证分析（2011～2012）》）和《高等工程教育研究》2015 年第 1 期（袁本涛等：《我国在校研究生的学术贡献有多大？》）。

部贡献赋予每位作者（straight count），[①] 但是这种方法却受到较大的诟病：一是忽略了不同顺序作者的贡献差异，二是夸大了多人合著成果的贡献，且缺乏合法性依据，容易导致无节制的"搭便车"行为的发生。Moed 提出一种学术论文贡献的均等分配方案：假设一篇论文有三个作者，则每个作者的贡献为三分之一。虽在一定程度上解决了"搭便车"问题，但仍旧未能区分不同顺序作者的贡献差异问题。故一些研究者建议根据论文作者的排序来确定权重，分配贡献。表 3-11 梳理了文献计量学中几种常见的合著论文作者贡献率分配方法，每种方法都把单篇论文的总体贡献视为 1，合著作者按照研究贡献比例降序排列（Price 和 Beaver，以及 Lindsay 的研究除外）。也有研究赋予最后一位作者更高的贡献率，[②] 这是因为在有些学科中通常是将研究团队总负责人排在最后。

表 3-11 合著论文作者贡献率分配方法

相关学者	分配方法
Price 和 Beaver[①]，Lindsey[②]	$Score(a_k) = \frac{1}{A}$ A = 作者总数 a_k：第 k 个作者（k = 1，2，3 等）

① B. Cronin and K. Overfelt, "Citation-Based Auditing of Academic Performance," *Journal of the American Society for Information Science and Technology*, Vol. 45, No. 2, 1994, pp. 61-72.

② P. Vinkler, "Research Contribution, Authorship and Team Cooperativeness," *Scientometrics*, Vol. 26, No. 1, 1993, pp. 213-230.

续表

相关学者	分配方法
Boxenbaurn 等③	$Score(a_1)=\frac{200}{A+1}$ $Score(a_k)=\frac{100-a_1}{A-1}$ a_1：第一作者
Howard 等④	$Score(a_k)=\frac{1.5^{A-k}}{\sum_1^A 1.5^{A-k}}$
Ellwein 等⑤	$Score(a_k)=\frac{Z_k}{\sum_1^A Z_k}$
Lukovits 和 Vinkler⑥	$OCS(a_1)=\frac{A+1}{2A*F}$ $OCS(a_k)=\frac{k+T}{2k*F*T}$ $F=\frac{1}{2}(\frac{1}{A}+\frac{A-1}{T}+\sum_{k=1}^{A}\frac{1}{k})$ $T=\frac{100}{AT}$ AT＝作者贡献阈值（%，如对一篇文章最低的贡献超过5%或10%才计入在内）
Van Hooydonk⑦	$Score(a_k)=\frac{2(A+1-k)}{A(A+1)}$
Trueba 和 Guerrero⑧	$Score(a_k)=\frac{2(2A-k+2)}{3A(A+1)}$ $Score(a_k)=\frac{2(2A-k+2)}{3A(A+1)}(1-f)+C_k*f$ f: 最优先分配贡献作者的份额，首选第一、第二作者和最近的作者（$0<f<1$） C_k：优先作者的数量 $\sum_1^k C_k=1$

注：①D. J. Price and D. D. Beaver, "Collaboration in An Invisible College," *American Psychologist*, Vol. 21, No. 11, 1966, pp. 1011－1018.

②D. Lindsey, "The Corrected Quality Ratio: A Composite Index of Scientific Contribution to Knowledge," *Social Studies of Science*, Vol . 8, No. 3, 1978, pp. 349－354.

续表

③H. Boxenbaum et al. , "Publication Rates of Pharmaceutical Scientists: Application of the Waring Distribution," *Drug Metabolism Reviews*, Vol. 18, No. 4, 1987, pp. 553 – 571.

④G. S. Howard et al. , "Research Productivity in Psychology Based on Publication in the Journals of the American Psychological Association," *American Psychologist*, Vol. 42, No. 11, 1987, pp. 975 – 986.

⑤L. B. Ellwein et al. , "Assessing Research Productivity: Evaluating Journal Publication across Academic Departments," *Academic Medicine*, Vol. 64, No. 6, 1989, pp. 319 – 325.

⑥I. Lukovits and P. Vinkler, "Correct Credit Distribution: A Model for Sharing Credit among Coauthors," *Social Indicators Research*, Vol. 36, No. 1, 1995, pp. 91 – 98.

⑦ G. Van Hooydonk, "Fractional Counting of Multiauthored Publications: Consequences for the Impact of Authors," *Journal of the American Society for Information Science and Technology*, Vol. 48, No. 10, 1997, pp. 944 – 945.

⑧F. J. Trueba and Héctor Guerrero, "A Robust Formula to Credit Authors for Their Publications," *Scientometrics*, Vol. 60, No. 2, 2004, pp. 181 – 204.

借鉴上述思路，在衡量研究生参撰学术论文的贡献时，将研究生身份分为第一作者、通讯作者和其他作者。按照第一作者和通讯作者的基本内涵，可以认为二者在科研上贡献相当，区别在于分工不同，故赋予二者相同的权重；其他作者在贡献上应弱于第一作者和通讯作者，故赋予其略弱的权重。综合来看，将第一作者、通讯作者和其他作者的权重定为0.35、0.35和0.3，三者之和为1。当仅有通讯作者和第一作者的时候，通讯作者和第一作者权重均为0.5。因此，在学研究生在一篇学术论文中的贡献率可由下式计算：

$$C = \frac{\sum_{i=1}^{N_1} \sum_{p=1}^{2} \varphi_p \times \frac{n_{gpj}}{n_{tpj}} + \sum_{j=1}^{N_2} \sum_{q=1}^{3} \varphi_q{}' \times \frac{n_{gqi}}{n_{tqj}}}{N_1 + N_2};$$

N_1 为仅有通讯作者和第一作者的文章篇数；N_2 为作者身份包括通讯作者、第一作者和其他作者的文章篇数；φ_p 为仅有通讯作者和第一作者时不同身份作者的贡献权重，当角标为 1 的时候代表第一作者，角标为 2 的时候代表通讯作者；角标为 3 的时候代表其他作者；$\varphi_q{}'$为当作者身份包括通讯作者、第一作者和其他作者时，不同身份作者的贡献权重，当角标为 1 的时候代表第一作者，角标为 2 的时候代表通讯作者，角标为 3 的时候代表其他作者。n_{gpj}和 n_{gqj}为第 j 篇文章中研究生身份的 p 类或 q 类作者的人数；n_{tpj}和 n_{tqj}为第 j 篇文章中 p 类或 q 类作者的总人数。

当不存在通讯作者时，仅考虑作者排序。以作者数量小于 6 人的情况为例，第一作者贡献最大，故赋予最大权重。第二作者和第三作者在贡献上应弱于第一作者，故赋予略弱的权重，第二作者和第三作者的贡献视为一致，赋予相同权重。第四作者和第五作者的贡献视为一致，赋予相同权重，且弱于第一作者、第二作者和第三作者。因此，将第一作者、第二作者、第三作者、第四作者、第五作者的贡献权重设为 0. 4、0. 2、0. 2、0. 1 和 0. 1。当作者数小于五人时，则按照实际作者的人数，将其他身份的作者贡献加以折算。权重分配情况见表 3 – 12。随后依据所分配的权重，可计算出每篇文章研究生的贡献率。

表 3 – 12　不同作者人数的论文中作者的权重分配

作者人数	权重				
	第一作者	第二作者	第三作者	第四作者	第五作者
1	1	0	0	0	0
2	0. 67	0. 33	0	0	0
3	0. 5	0. 25	0. 25	0	0
4	0. 445	0. 22	0. 22	0. 115	0

续表

作者人数	权重				
	第一作者	第二作者	第三作者	第四作者	第五作者
5	0.4	0.2	0.2	0.1	0.1
6人及以上	0.4	0.2	0.2	0.1	0.1

（二）样本与数据

为全面考察我国研究生的培养质量，本研究既考虑刊载在国际期刊上、以英文发表的学术论文，也考虑刊载在国内期刊上、以中文发表的学术论文。

英文论文是以进入 SCI、SSCI 以及 A&HCI 检索的期刊论文为研究总体。为在一定程度上提高样本的质量门槛，本研究将热点论文（hot papers）作为研究对象。热点论文是各时期各领域内被引频次处于前 0.1% 的论文。依据 ESI 的检索结果，[①] 共有 2436 篇学术论文入选 2011 ~ 2012 年的热点论文。其中，中国学者参与的论文有 340 篇，占总数的 13.96%。这表明我国学者的科研成果在某些领域已达到国际公认的顶尖水平。中国学者参与的 340 篇文章中有 3 篇未标明作者单位，因此余下的 337 篇成为国际高水平论文的分析对象。[②] 作者身份的确定采取排除法：依据作者英文名字和单位信息，登录作者单位网站进行搜索。若作者单位出现了与作者英文名字一致的教师名字，将搜索其学术经历，若在文章发表时该作者已经是教师身份，则将其确定为教

① 检索时间为 2013 年 6 月 15 日。

② 本节主要关注大陆地区的状况，不含港澳台地区数据。

师。当论文发表时，作者还未成为教师，搜索其博士或硕士学位授予时间加以判断。当作者单位的教师信息中没有出现论文作者相同的英文名字，任何网页也未出现其作为教师或其他科研人员的信息时，将其判定为研究生。[①]

以刊载在国内期刊的学术论文为中文论文的研究总体。为在一定程度提高样本的质量门槛，本研究将刊载在《中国学术期刊评价研究报告（2013—2014）》中的权威期刊[②]上论文作为样本。2012 年参评的 6448 种学术期刊中共有 327 本权威期刊。按月在每个学科内有放回地随机抽取一本当月的权威期刊，将刊载于其中的任意 20 篇学术论文作为高水平学术论文予以统计（不足 20 篇则全部统计），从而获得了 13132 篇学术论文的基本信息，删除出现信息缺失、填写明显错误的个案，最终有效样本为 12347 篇学术论文。对每一篇论文的作者信息进行检索后，将作者身份分为 8 类："在校硕士研究生""在校博士研究生""研究生""中级职称科研人员""副高级职称科研人员""正高级职称科研人员""其他""无法确定"。[③]

---

① 当然，这存在高估研究生数量的可能性：首先，可能参与文章撰写的科研人员，如博士后、本科生和非正式科研人员等可能均被视为研究生；其次，部分作者单位的教师信息更新滞后，可能遗漏了相关教师信息。同时也通过多次向高水平论文的通讯作者发送邮件获得高水平论文的作者信息。

② 《中国学术期刊评价研究报告（2013—2014）》通过对期刊的基金论文比、总被引频次、影响因子、Web 即年下载率、二次文献转载以及同行评价 6 项指标的加权计算，得到各期刊的综合得分。得分在前 5% 的期刊则称为权威期刊。

③ 作者身份信息主要依靠各类搜索引擎来确定：硕士生和博士生录取一般会有录取公告，能够比较容易检索到作者当年的研究生录取及入学信息，依据其入学年份进行界定："在校硕士研究生"是本科入校后 5～8 年内或硕士入校后 3 年内的学生；"在校博士研究生"是指本科入校后 8～12 年内或硕士入校后 4～8 年内或博士入校后 4 年或 5 年内的学生。同时也通过检索其学位授予公告以及其他信息（如各类新闻）加以确认。教师或其他科研 （转下页注）

（三）在学研究生参撰论文情况

1. 参撰国际期刊论文的情况

在国际热点论文中，中国作者参与撰写的有 337 篇。其中以中国为第一作者单位的文章有 210 篇，以其他国家为第一作者单位的有 127 篇。在以中国为第一作者单位的论文中，研究生参与撰写的有 160 篇，占以中国为第一作者单位的论文总数的 76.19%；以其他国家为第一作者单位的论文中，研究生参与撰写的有 20 篇，即研究生共参与撰写了 180 篇论文，其中以第一作者身份发表的论文有 114 篇，即 52.86% 的第一署名单位为中国的热点论文的第一作者为在学研究生（见表 3－13）。由此可见，我国在学研究生在科研参与、参与撰写具有国际显示度的论文方面扮演了重要角色。

表 3－13　我国研究生是否作为第一作者的发文篇数分布

单位：篇

作者情况		第一作者单位是否为中国		合计
		不是	是	
研究生是否为第一作者	不是	124	99	223
	是	2	108	110

（接上页注③）人员的信息在"评师网"中易于查到，将各类职称归并为 3 个级别："中级职称科研人员"、"副高级职称科研人员"和"正高级职称科研人员"（例如将统计师、助理研究员和讲师等均归为中级职称）。当不能归为以上 3 种任何一类的时候，将其归为"其他"。当检索不到某位作者作为教师、学生或其他人士的相关信息时，仅在学术期刊网上查阅到该作者在近几年内和某位特定老师合作发表了若干论文，大致将其判定为研究生。当完全查阅不到除该文章以外的任何信息时，将其归为"无法确定"。

续表

作者情况		第一作者单位是否为中国		合计
		不是	是	
研究生是否为第一作者	两个研究生共同为第一作者	1	2	3
	三个研究生共同为第一作者	0	1	1
合计		127	210	337

同时，在第一作者单位为中国的热点论文中，研究生以通讯作者身份发表的论文有 19 篇。此外，研究生以其他作者身份（除第一作者和通讯作者外）发表的热点论文有 126 篇。不同论文的其他作者中的研究生个数有所不同。42.06% 的热点论文的其他作者中有 1 个研究生；40.48% 的热点论文的其他作者中有 2 个到 3 个研究生（见表 3－14）。

表 3－14　研究生作为其他作者参与的热点论文篇数

单位：篇

其他作者中的研究生数	1	2	3	4	5	6	> =10	合计
热点论文篇数	53	26	25	14	5	2	1	126

由于其他作者中的研究生人数与论文作者总数密切相关，我们将作者总数与其他作者中的研究生人数进行交叉分析。表 3－15 显示：作者总人数的多少与其他作者中研究生的人数有密切联系。当作者个数增多时，其他作者中的研究生人数可能随之增多。当作者总人数大于等于 10 人时，其他作者中有 4 个研究生的文章篇数为 4 篇，有 5 个研究生

的文章篇数为2篇，有6个研究生的文章篇数为2篇。但大多数情况是作者总人数在5人以内，其他作者中研究生个数为1人。例如当作者总人数分别为3人、4人和5人时，其他作者中研究生人数为1人的论文分别为14篇、9篇和10篇。这在一定程度上表明，随着研究团队规模的扩张，越来越多的研究生充实了科学研究群体。

表3－15　不同作者数的热点论文中研究生作为其他作者参与的篇数

单位：篇

其他作者中研究生人数	论文作者总人数								
	2	3	4	5	6	7	8	9	>=10
1	2	14	9	10	5	4	1	2	6
2	0	1	6	6	4	6	1	1	1
3	0	0	2	6	4	6	3	2	2
4	0	0	0	2	3	4	1	0	4
5	0	0	0	1	0	0	2	0	2
6	0	0	0	0	0	0	0	0	2
>=10	0	0	0	0	0	0	0	0	1

2. 不同学科的参与情况

研究生在不同学科领域参与高水平科学研究的程度，一方面反映了学科文化，另一方面更反映了我国高水平科学研究团队对后备科研人才的培养力度。表3－16显示研究生参与撰写并发表的国际高水平论文集中在化学、工程学、材料科学和物理学四大领域。这表明在上述四个学科领域，我国正培养着具有世界一流水平的后辈科学研究者。

表 3－16　发文的研究生的学科分布

单位：篇

学科类别	研究生参与的篇数	学科类别	研究生参与的篇数
材料科学	22	基因与分子生物学	1
地理科学	9	计算机科学	5
分子生物学与遗传学	1	农业科学	4
工程学	38	社会科学总论	3
行为与神经科学	1	生物与生物化学	2
化学	40	数学	3
环境学与生态学	11	物理学	16
植物与动物科学	4		

3. 不同机构的参与情况

发文数量前 10 名的科研单位统计于表 3－17，该 10 个单位的研究生累计参与了近两年内发表的 97 篇国际高水平论文的撰写与发表工作，占研究生参与发表论文总数的 61%。可以看出，前 10 名科研单位中，理工科院校占了绝大多数，这在一定程度上反映了理工科院校的研究生培养可能更注重科研团队的建设与组织。

表 3－17　发文数量前 10 名的研究生所在科研机构的分布

单位：篇

排名	机构	研究生参与的论文篇数	排名	机构	研究生参与的论文篇数
1	中国科学院	46	2	清华大学	16

续表

排名	机构	研究生参与的论文篇数	排名	机构	研究生参与的论文篇数
3	北京大学	8	4	哈尔滨工业大学	7
5	复旦大学	7	6	武汉理工大学	5
7	武汉大学	3	7	上海交通大学	3
7	南京大学	3	7	华南理工大学	3

在统计过程中发现，研究生所参与的国际高水平论文发表活动中存在若干个“核心科研团体”。这些“核心科研团体”的特征为：①均有研究生参与，且研究生的贡献较大；②高水平科研论文产出量较高；③该科研团体所产出的高水平论文在该校研究生参与发表的高水平论文中占很高比例。例如，武汉理工大学有研究生参与的 5 篇热点论文全部出自该校余家国院士所带领的科研团队；北京大学有研究生参与的 8 篇热点论文，有 4 篇出自该校陈衍景教授所带领的科研团队；华南理工大学有研究生参与的 3 篇热点论文中，有 2 篇来自该校吴宏斌教授的科研团队。诸如此类的“核心科研团体”还有若干，在此不一一列举。“核心科研团体”的出现，一方面反映出在我国研究生培养中，优秀学术科研团队建设已初见成效，在某些学校，某些领域出现了“多点开花”的局面；另一方面也反映出我国研究生的国际高水平学术论文发表在一定程度上呈团体化、集中化趋势。

2. 参撰国内期刊论文的情况

（1）参与情况概览

在国内权威期刊论文中，研究生以第一作者身份发表的论文有5048篇，占样本总数的40.9%。其中硕士生以第一作者身份发表的论文占样本总数的13.0%，博士生以第一作者身份发表的论文占样本总数的22.2%，不能确定其学习阶段的研究生以第一作者身份发表的论文占样本总数的5.7%（见表3－18）。

表3－18　国内高水平论文中第一作者的身份信息

单位：篇，%

第一作者身份	篇数	占总数比例	第一作者身份	篇数	占总数比例
硕士生	1606	13.0	中级职称	1467	11.9
博士生	2742	22.2	副高职称	2012	16.3
研究生*	700	5.7	正高职称	2790	22.6
无法确定	347	2.8	其他	682	5.5

＊此处及表3－20、表3－22中的“研究生”指不能确定学习阶段的研究生。

除了以第一作者身份发表高水平论文，研究生还以“其他作者”的身份发表高水平论文。表3－19表明：研究生以第二作者或第三作者身份发文的论文数量有4142篇，占论文作者数在2位以上（含2位）的论文数目（9846篇）的42.07%；其中第二作者和第三作者中有1位研究生的论文有3221篇，2位均是研究生的论文有921篇；研究生以第四作者或第五作者身份发文的论文数量有2180篇，占论文作者数在4位以上（含4位）的文章数目（5160篇）的42.25%；其中第四作者和第五作者中有1位研究生的论文有1557篇，2位均是研究生的论文有623篇。

表 3-19 研究生以“其他作者”的身份发表高水平论文的情况

单位：人，篇

作者总数	第二作者和第三作者中研究生数量			第四作者和第五作者中研究生数量		
	0	1	2	0	1	2
2	1701	492	—	—	—	—
3	1466	813	213	—	—	—
4	1245	908	258	1701	710	—
5 个及以上	1292	1008	450	1279	847	623
合计	5704	3221	921	2980	1557	623

（2）不同学科的参与情况

依据《中国学术期刊评价研究报告（2013—2014）》对刊物大类的划分，我们将 65 个学科归并为 3 大类：人文社科类、理工农林类以及医学类。三大门类中研究生以第一作者身份发文的情况非常不同。表 3-20 显示：在人文社科领域仅有 14.4% 的论文是研究生以第一作者身份参与发表的；在理工农林领域有 50.7% 的论文由研究生以第一作者身份参与发表；在医学领域有 48.7% 的论文由研究生以第一作者身份参与发表。同时，在研究生为第一作者的论文中，博士研究生为主力军，人文社科领域中有 74.73% 的论文由博士研究生所发表，理工农林领域有 57.77% 的论文由博士研究生所发表。

表 3－20 不同学科研究生以第一作者身份发表高水平论文的情况

单位：篇，%

第一作者身份	学科大类					
	人文社科		理工农林		医学	
	篇数	占比	篇数	占比	篇数	占比
硕士生	76	2.3	1146	15.1	384	25.5
博士生	352	10.8	2220	29.3	170	11.3
研究生	43	1.3	477	6.3	180	11.9
中级职称	452	13.8	882	11.7	133	8.8
副高职称	747	22.8	1062	14.0	204	13.5
正高职称	1377	42.1	1287	17.0	126	8.4
其他	68	4.8	329	4.3	285	18.9
无法确定	158	2.1	163	2.2	26	1.7
合计	3273	100	7566	100	1508	100

注：医学领域的硕士研究生的统计口径包括本科入学6～8年内和硕士入学后3年以内的人群。但由于医学领域的研究生大多采取的是本硕博连读8年制、本硕连读7年制以及硕博连读5年制。按照我们的统计口径，绝大部分的研究生被分为了硕士研究生。故医学领域对于不同层次研究生的发文数据仅供参考。理工农林类也有类似的误差，入学3年以内的硕博连读生往往被判定为硕士研究生。

在三大学科领域中，研究生作为第二作者或第三作者参与发文的情况有很大不同。表3－21显示：在人文社科领域的论文中，第二作者或第三作者中至少有1位是研究生的论文数占相关论文数量的30.44%；在理工农林领域，第二作者或第三作者中至少有1位研究生的论文数占相关论文数量的43.68%；在医学领域，第二作者或第三作者中至少有

1 位研究生的论文数占相关论文数量的 43.76%。[①] 此外，在人文社科领域的论文中，第四作者或第五作者中至少有 1 位研究生的论文数占相关论文数量的 15.58%；在理工农林领域，第四作者或第五作者中至少有 1 位研究生的论文数占相关论文数量的 43.42%；在医学领域，第四作者或第五作者中至少有 1 位研究生的论文数占相关论文数量的 41.91%。[②]

表 3－21　不同学科研究生以第二作者或第三作者身份发表高水平论文的情况

单位：人，篇

学科大类	第二、三作者中研究生人数	作者总人数				合计
		2	3	4	5 个及其以上	
人文社科	0	544	169	68	60	841
	1	218	76	20	5	319
	2	—	42	7	0	49
理工农林	0	997	1138	1001	907	4043
	1	264	644	786	763	2457
	2	—	161	216	302	679
医学	0	160	159	176	325	820
	1	10	93	102	240	445
	2	—	10	35	148	193

① 相关论文是指论文的作者总数不少于作者排序的序数的文章，例如研究生以第二作者和第三作者身份发表论文，则相关论文只统计作者数量在 2 个及其以上的文章数量。

② 由于篇幅限制我们未列出研究生以第四作者和第五作者发文的统计情况表。

（3）不同机构的参与情况

在高等教育大众化的浪潮下，我国高等教育系统也出现了较强的分化现象。表3－22显示："985"工程大学中研究生以第一作者身份参与发表的高水平论文占"985"工程大学发表的高水平论文总数的48.55%；"211"工程大学中研究生以第一作者身份参与发表的高水平论文占"211"工程大学发表的高水平论文总数的46.26%；各类科研院所（中科院、社科院以及其他研究院）中研究生以第一作者身份发表的高水平论文占各类科研院所发表的高水平论文总数的46.72%；一般高校中研究生以第一作者身份参与发表的高水平论文占一般高校的31.78%。

表3－22 不同机构中研究生以第一作者身份发表高水平论文的情况

单位：篇，%

第一作者身份	机构类型									
	"985"大学		"211"大学*		一般高校		境外高校		各类科研院所	
	篇数	占比	篇数	占比	篇数	占比	篇数	占比	篇数	占比
硕士生	453	11.47	369	14.60	483	14.09	4	3.39	255	15.97
博士生	1256	31.81	658	26.04	408	11.91	11	9.32	366	22.92
研究生	208	5.27	142	5.62	198	5.78	4	3.39	125	7.83
中级职称	371	9.39	284	11.24	537	15.67	8	6.78	190	11.90
副高职称	576	14.59	405	16.03	734	21.42	12	10.17	204	12.77
正高职称	889	22.51	558	22.08	832	24.28	58	49.15	294	18.41
其他	136	3.44	75	2.97	157	4.58	3	2.54	126	7.89
无法确定	60	1.52	36	1.42	78	2.28	18	15.25	37	2.32
合计	3949	100.00	2527	100.00	3427	100.00	118	100.00	1597	100.00

注：* 这里的"211"工程大学不含"985"工程大学。

此外，“211”工程大学中硕士生的参与比例较“985”工程大学中硕士生的参与比例要高，原因可能有三：首先，“211”工程大学的博士生数量一般明显少于“985”工程大学，因此更多的硕士生更有可能参与到科研项目中并参与论文发表，当然，这并不是说“985”工程大学硕士生的参与度很低，只是当一篇科研成果最终发表时，博士生更有可能进入作者名单或者以第一作者的身份出现；其次，能够在高水平期刊发表大量研究成果的“211”工程大学多为以理工学科为主导的专业特色鲜明的高等院校，例如武汉理工大学、中国地质大学或各类农林业大学等，其硕士生的参与率往往大大高于人文社科类的硕士研究生，而能够在高水平期刊发文的人文社科类硕士研究生往往集中在“985”工程大学；最后，从绝对数上看，“985”工程大学发表高水平论文的硕士生多于“211”工程大学。

不同类型机构的研究生以第一作者身份发文的情况虽然存在差异，但以“其他作者”身份发文的情况差异并不大。“985”工程大学中研究生以第二作者或第三作者身份参与发表的高水平论文有1437篇，以第四作者或第五作者身份参与发表的高水平论文有603篇，分别占“985”工程大学发表的相关论文数量的44.79%和39.16%；“211”工程大学中研究生以第二作者或第三作者身份参与发表的高水平论文有901篇，以第四作者或第五作者身份参与发表的高水平论文有522篇，分别占“211”工程大学发表的相关论文数量的43.80%和49.62%；各类科研院所（中科院、社科院以及其他研究院）中研究生以第二作者或第三作者身份参与发表的高水平论文有569篇，以第四作者或第五作者身份参与发表的高水平论文有394篇，分别占各类科研机构所发表的相关论文数量的35.29%和42.50%；一般高校中研究生以第二作者或第三作者身份参与发表的高水平论文有1117篇，以第四作者或第五作者身份参与发表的高水平论文有591篇，分别占一般高校所发表的相关论文数量的41.38%和44.17%。

（四）在学研究生知识生产贡献率

基于我国在学研究生在国际期刊论文合著中的参与情况，按照本研究所界定的权重分配方法测算，我国在学研究生对国际期刊论文中热点论文的贡献率为0.3684，该数值表明：平均每一篇热点论文有36.84%的知识生产贡献可归功于我国在学研究生。具体而言，有30.9%的热点论文，研究生的贡献率为26%～50%；有23.8%的热点论文，研究生并未产生贡献；有2.9%的热点论文完全由研究生完成，贡献率为100%（见表3－23）。

表3－23　中国在学研究生对国际高水平论文的贡献率分布（2011～2012年）

单位：篇，%

贡献率	0	1～25	26～50	51～75	76～99	100	平均贡献率
篇数	50	46	65	31	12	6	36.84
频率	23.8	21.9	30.9	14.8	5.7	2.9	
累计频率	23.8	45.7	76.6	91.4	97.1	100	

基于我国在学研究生在国内期刊论文合著中的参与情况，按照本研究所界定的权重分配方法测算，我国在学研究生对国内权威期刊上学术论文的平均贡献率为0.3231，

该数值表明：平均来看，每一篇发表在国内高水平期刊上的学术论文中有32.31%可归功于我国在学研究生。我国在学研究生对国内高水平论文的贡献率的分布见表3－24。

表3－24　中国在学研究生对国内高水平论文的贡献率分布（2012年）

单位：篇，%

贡献率	0	1～25	26～50	51～75	76～99	100	平均贡献率
篇数	4877	1111	2949	2298	450	458	32.31
频率	40.2	9.1	24.3	18.9	3.7	3.8	
累计频率	40.2	49.3	73.6	92.5	96.2	100	

第四章　学位论文质量评价：基于学术贡献的文献计量*

学位论文是学位申请人为申请学位而撰写的学术论文，是申请人获得学位的必要条件之一。① 学位论文的质量水平能够表明撰写者是否在本门学科中掌握坚实宽广的基础理论和系统深入的专门知识，是否具有独立从事本学科的科学研究工作的能力，是否在本学科的科学研究上做出了一定的创造性成果，因而成为表征研究生教育人才培养质量的重要指标。与传统依赖同行评议的主观评价方法不同，本节将基于文献计量方法，从学术贡献的角度评价学位论文质量，进而反映我国研究生培养质量。

---

* 本章部分内容曾刊发于《清华大学教育研究》2015 年第 5 期（王传毅等：《我国硕士、博士学位论文的学术贡献有多大？——基于 2013 年核心期刊论文参考文献的实证分析》）。

① 秦惠民主编《学位与研究生教育大辞典》，北京理工大学出版社，1994，第 272 页。

一 学位论文学术贡献的内涵

学位论文的学术贡献是指学位论文在相关学科已有的研究基础上所提出的新现象、新观点、新方法或新理论。如果把一个研究领域看作一棵树，已有的研究基础就是树干和树枝，而每一篇学位论文的学术贡献就是树干上的新枝或树枝上的新芽。

对学位论文学术贡献的测量往往有两种方式。第一种方式是采用主观评价的方法直接将学位论文呈送给多位同行专家评审，以同行专家的评审意见作为其学术贡献的表征形式。当然，同行专家会综合其意见对学位论文的学术贡献判定一个分数或等级。第二种方式是采用文献计量学的思想，采用客观评价的方法，以学术论文的被引情况表征其学术贡献的大小。文献计量学认为：科学知识具有明显的累积性和继承性，任何新的学科和新的技术都是在原有学科和技术的基础上分化、衍生出来的。[①] 因此，学位论文的学术贡献大小体现在其对知识生长所起的推动作用。换言之，一篇学位论文能否有效地推动新的研究成果产生是其学术贡献情况的直接反映。从操作层面来看，学位论文被引的情况，特别是被高水平论文引用的情况，直接反映了学位论文对于知识生长的推动作用。本节对学位论文学术贡献的测量采用的是第二种方式。虽然以学位论文的

① 邱均平主编《信息计量学》，武汉大学出版社，2007，第315页。

被引次数作为其学术贡献大小的测量方法简单易用，但我们尚需进一步按照被引论文的不同类型对学术论文的学术贡献加以分析。

二　学术贡献的类型及测量方法

（一）学位论文的被引类型

学位论文的被引类型可分为直接被引和间接被引，直接被引是指学位论文被某篇论文作为参考文献，该论文也被称为学位论文的引证文献（见图4-1）。

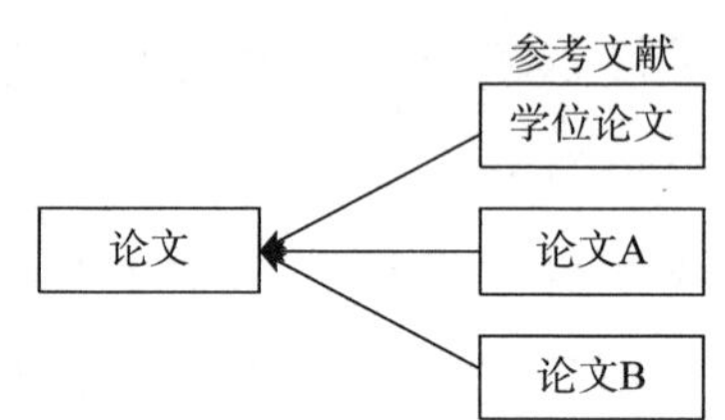

图4-1　学位论文直接被引示意

间接被引是指学位论文是某篇论文的二级参考文献（即参考文献的参考文献），该篇论文也被称为学位论文的二级引证文献（见图4-2）。

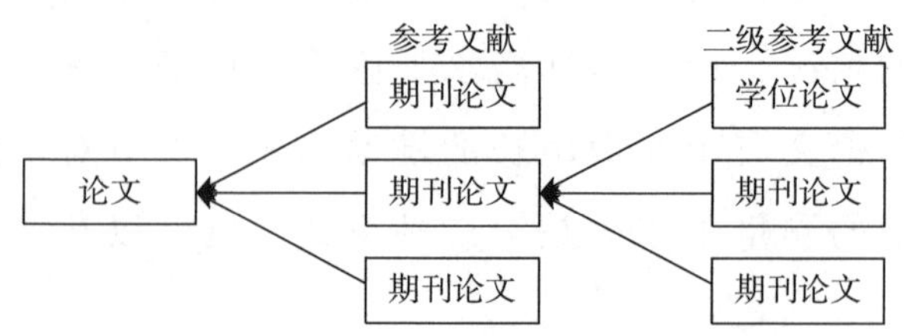

图4-2　学位论文间接被引示意

（二）学位论文学术贡献的类型及评价方法

鉴于直接引用和间接引用的基本特征，对于一篇论文，学位论文的学术贡献也可分为直接贡献、间接贡献和总贡献。为尽可能保证可操作性并简化分析，我们假定一篇论文中各参考文献的学术贡献大小一致，这也是本方法中最重要的前提假定。

学位论文的直接贡献是指一篇论文的参考文献中学位论文所占比例。若某篇期刊论文有三篇参考文献，其中一篇为学位论文，则学位论文对该期刊论文的直接贡献为$\frac{1}{3}$。学位论文直接贡献的计算公式为 $n_d = n'/n$，其中，n'为参考文献中学位论文的数量，n 为参考文献数。

学位论文的间接贡献是指一篇论文的二级参考文献中学位论文所占的比例，它并不等于二级参考文献中学位论文的数量直接除以总的二级参考文献的数量，而必须考虑不同的参考文献各自所拥有的参考文献数。如图 4－3 所示，期刊论文 A 有两篇参考文献：期刊论文 B 和期刊论文 C。期刊论文 B 有三篇参考文献，其中一篇为学位论文，则学位论文对期刊论文 B 的直接贡献为$\frac{1}{3}$；期刊论文 C 有两篇参考文献，其中一篇为学位论文，则学位论文对期刊论文 C 的直接贡献为$\frac{1}{2}$。学位论文对期刊论文的间接贡献则为$\frac{5}{12}$（即$\frac{1}{3}\times\frac{1}{2}+\frac{1}{2}\times\frac{1}{2}$）。学位论文间接贡献的计算公式为 $c_i = \sum_{i=1}^{n-n'}\left(\frac{n'_i}{n_i}\times\frac{1}{n}\right)$，

其中 n 为参考文献数，n'为参考文献中学位论文的数量，n_i 为第 i 篇参考文献的参考文献数，n'_i 为第 i 篇参考文献的参考文献中学位论文的数量。

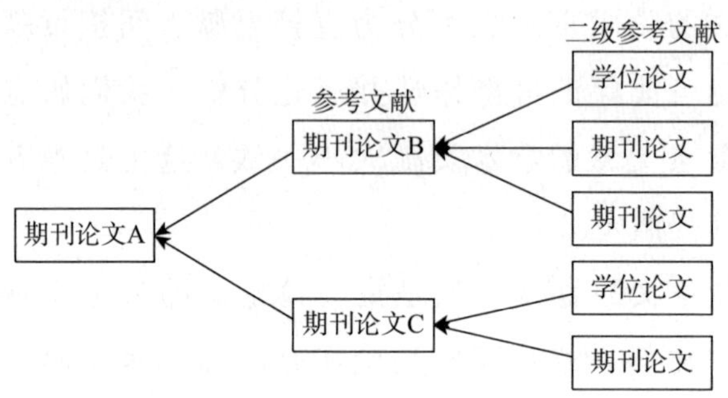

图 4－3　学位论文间接贡献示意

总贡献是直接贡献和间接贡献之和。以图 4－4 为例，学位论文对期刊论文 A 的直接贡献为$\frac{1}{3}$，间接贡献为$\frac{5}{18}$（即$\frac{1}{3}\times\frac{1}{3}+\frac{1}{2}\times\frac{1}{3}$），其总贡献为直接贡献和间接贡献之和$\frac{11}{18}$（即$\frac{1}{3}+\frac{5}{18}$）。学位论文总贡献计算公式为：

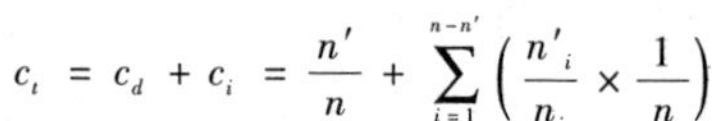

$$c_t = c_d + c_i = \frac{n'}{n} + \sum_{i=1}^{n-n'}\left(\frac{n'_i}{n_i}\times\frac{1}{n}\right)$$

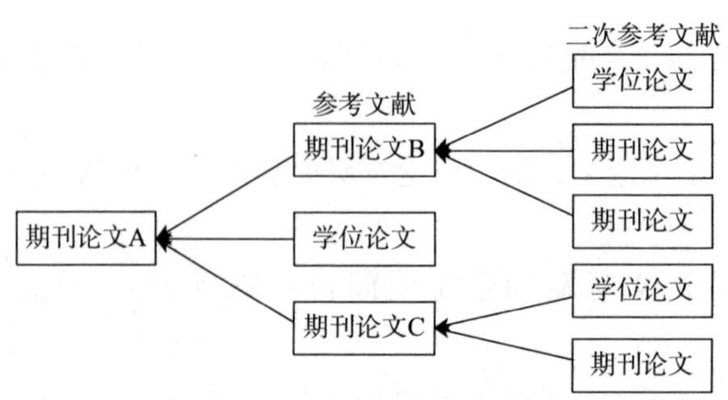

图 4－4　学位论文总贡献示意

三　学术贡献的测量结果

为评价我国硕士和博士学位论文的学术贡献，本节选取 2013 年所有发表在中文核心期刊上的学术论文进行分析。核心期刊的名单来源于北京大学图书馆 2012 年所发布的《中文核心期刊目录》。

首先，通过检索“中国知网”获得 2013 年核心期刊所发表的 553725 篇文章，剔除征稿启事、书评和广告等非学术性文献后，共有 417232 篇论文进入分析范围。其次，编写计算机软件，抓取这些论文的参考文献信息，并分离出参考文献中期刊论文、硕士学位论文和博士学位论文的信息，共计 223056 条。最后，抓取二次参考文献信息，最终获得嵌套型结构的核心期刊论文的引用数据。

（一）研究生学位论文的被引情况

2013 年核心期刊所发表的 417232 篇学术论文直接引用了 20250 篇硕士学位论文和 40774 篇博士学位论文，平均每篇核心期刊论文直接引用了 0.0485 篇硕士学位论文和 0.0977 篇博士学位论文。同时，2013 年的核心期刊论文间接引用了 51584 篇硕士学位论文和 93724 篇博士学位论文，平均每篇核心期刊论文间接引用了 0.1236 篇硕士学位论文和 0.2246 篇博士学位论文。这意味着在平均意义上，每发表一篇核心期刊论文就分别有近 5% 的概率直接引用一篇硕士学位论文，10% 的概率直接引用一篇博士学位论文，12%

的概率间接引用一篇硕士学位论文，22%的概率间接引用一篇博士学位论文（见表4－1）。

表4－1　2013年核心期刊论文引用硕士、博士学位论文的情况

单位：篇

引用情况		硕士学位论文	博士学位论文	总计
直接引用学位论文	引用总篇数	20250	40774	61024
	篇均引用数	0.0485	0.0977	0.1462
间接引用学位论文	引用总篇数	51584	93724	145308
	篇均引用数	0.1236	0.2246	0.3482

2013年核心期刊论文所直接引用的硕士学位论文数量（20250篇）仅仅是中国知网中硕士学位论文存量（1782960篇）的1.14%，即使被引的硕士学位论文均来源于不同的硕士学位申请者，则有近99%的硕士学位论文没有被2013年核心期刊的论文引用。对于博士学位论文而言，情况也不容乐观。2013年核心期刊论文所直接引用的博士学位论文数量（40774篇）仅仅是中国知网中博士论文存量（211680篇）的19.26%，这意味着有超过80%的博士学位论文没有被2013年核心期刊论文直接引用。[①]

假使我们考虑文献的老化机制，将可能被引用的学位论文限定于近5年（2008～2012年），在假设被引的学位论文均来源于近5年内不同的学位申请者的条件下，也分别有超过98%的硕士学位论文和66%的博士学位论文没有被直

① 硕士论文和博士论文的存量统计口径均为学位授予时间在2012年以前（含2012年）的学位论文。

接引用过，超过95%的硕士学位论文和22%的博士学位论文没有被间接引用过。

具体至不同学科，篇均引用硕士、博士学位论文次数最高的学科为农学，即1篇农学的期刊论文平均会直接引用0.2274篇学位论文，间接引用0.6761篇学位论文。换言之，即1篇农学的期刊论文直接引用1篇学位论文的概率为22.74%，间接引用1篇学位论文的概率为67.61%；工学学位论文的被引次数仅次于农学，1篇工学的期刊论文直接引用1篇学位论文的概率为20.71%，间接引用1篇学位论文的概率为48.07%；篇均引用学位论文次数最低的学科为哲学，1篇哲学的期刊论文平均会直接引用0.0352篇学位论文，间接引用0.0159篇学位论文（见表4－2）。

表4－2　2013年各学科核心期刊论文引用硕士、博士学位论文的情况

单位：篇

学科	直接引用		间接引用	
	引用总篇数	篇均引用次数	引用总篇数	篇均引用次数
文学	2100	0.0770	3189	0.1169
历史学	310	0.0787	365	0.0926
哲学	135	0.0352	61	0.0159
法学	1502	0.0808	2879	0.1550
理学	2678	0.0936	6383	0.2232
工学	33220	0.2071	77130	0.4807
农学	8736	0.2274	25973	0.6761
医学	2874	0.0413	6576	0.0946
经济学和管理学	5669	0.1469	15136	0.3923

续表

学科	直接引用		间接引用	
	引用总篇数	篇均引用次数	引用总篇数	篇均引用次数
军事学	485	0.1464	796	0.2402
教育学	3304	0.1354	6690	0.2741

注：①由于有313篇论文（占论文总数的0.1%）的学科属性难以明确归属到上述学科，故未列入统计；②经济学和管理学领域的很多论文属性难以明确进行划分，由于两个学科性质较为接近，故合并在一起统计。

（二）研究生学位论文的学术贡献

依据期刊论文的被引次数，测算出我国硕士学位论文对2013年核心期刊论文发表的直接贡献率为0.50%，间接贡献率为0.03%，总贡献率为0.53%，我国博士学位论文对2013年核心期刊论文发表的直接贡献率为1.09%，间接贡献率为0.06%，总贡献率为1.15%，硕士、博士学位论文总的直接贡献率为1.59%，间接贡献率为0.09%，总贡献率为1.68%（见表4－3）。

表4－3　我国硕士、博士学位论文对核心期刊论文发表的学术贡献（2013年）

单位：%

类别	硕士学位论文	博士学位论文	总计
直接贡献率	0.50	1.09	1.59
间接贡献率	0.03	0.06	0.09
总贡献率	0.53	1.15	1.68

硕士、博士学位论文对核心期刊论文发表的贡献究竟大不大？将期刊论文的贡献情况作为参考标准，依据测算，

2013 年以前发表的期刊论文对 2013 年核心期刊论文发表的直接贡献率为 52.27%，间接贡献率为 4.88%，总贡献率为 57.15%。其总贡献率是博士学位论文的 49.70 倍，是硕士学位论文的 107.83 倍。在不同的教育层次上，截至 2012 年 12 月，中国知网共收录 8548805 篇核心期刊论文，博士学位论文 211680 篇，硕士学位论文 1782960 篇。核心期刊论文的数量分别为博士学位论文数量的 40.39 倍，硕士学位论文数量的 4.79 倍，这说明较之核心期刊论文，博士学位论文的学术贡献相对要低，而硕士学位论文的学术贡献相对更低。若将所有的期刊论文都纳入比较，则中国知网共收录 37203454 篇期刊论文，其数量是博士学位论文的 175.75 倍，硕士学位论文的 20.87 倍，这说明博士学位论文对 2013 年发表的核心期刊论文的学术贡献要远远高于期刊论文，但硕士学位论文的贡献仍显著低于期刊论文。

具体至不同的学科，硕士、博士学位论文在工学领域的学术贡献最大，其直接贡献率为 2.25%，间接贡献率为 0.11%；其次为教育学领域，其直接贡献率为 2.03%，间接贡献率为 0.18%；贡献率最低的为医学，其直接贡献率为 0.40%，间接贡献率为 0.02%（见表 4－4）。概括而言，学位论文对应用型学科（除医学），如工学、教育学、经济学和管理学等学科的学术贡献都显著高于基础学科，如哲学、理学。这在一定程度上反映了应用型学科发展的特点：许多应用型学科及其中的新兴研究领域都是基础学科之间、应用学科之间以及基础学科与应用学科之间交叉而形成的，可直接吸收应用更多的原创性成果作为其知识基础。因此较之基础学科，应用型学科中的期刊论文对更广范围的学位论文的借鉴凸显了学位论文在相关领域的学术贡献。

表 4-4　我国硕士、博士学位论文对不同学科期刊论文的学术贡献（2013 年）

单位：%

学科	直接贡献率			间接贡献率		
	硕士学位论文	博士学位论文	总计	硕士学位论文	博士学位论文	总计
文学	0.40	0.99	1.39	0.03	0.09	0.12
历史学	0.47	0.69	1.16	0.04	0.03	0.07
哲学	0.23	0.27	0.50	0.01	0.02	0.03
法学	0.40	0.72	1.12	0.02	0.05	0.07
理学	0.31	0.42	0.73	0.01	0.02	0.03
工学	0.67	1.58	2.25	0.03	0.08	0.11
农学	0.43	1.10	1.53	0.01	0.03	0.04
医学	0.13	0.27	0.40	0.01	0.01	0.02
经济学和管理学	0.75	1.15	1.90	0.04	0.07	0.11
军事学	0.71	1.29	2.00	0.06	0.09	0.15
教育学	0.56	1.47	2.03	0.04	0.14	0.18

注：①由于有 313 篇论文（占论文总数的 0.1%）的学科属性难以明确归属到上述学科，故未列入统计；②经济学和管理学领域的很多论文属性难以明确进行划分，由于两个学科性质较为接近，故合并在一起统计。

总体而言，硕士、博士学位论文的学术贡献水平令人担忧，特别是相较于我国日益扩张的研究生教育规模，学位论文的学术贡献所折射出的研究生教育质量问题尤为突出，但也必须提到几项可能低估学位论文学术贡献的重要因素。

首先，本节的基本假设——“各参考文献的学术贡献大小相同”存在明显的缺陷。一篇万字左右的期刊论文与动辄十万字以上的博士学位论文相比，它们同时作为同一篇文章的参考文献的作用可能相去甚远。然而，正如前文所言，该假设的目的是尽可能简化分析，保证计量的可操作性。在没有准确测算出各参考文献的学术贡献，也没有证据证明各参考文献的学术贡献不同时，假设的提出正好可以看作计量工作开展的起点。当然在未来的研究中，可以尝试让每篇文章的作者为其各篇参考文献赋分或由第三方对各参考文献在文中的作用进行逐一估算，但对于每年50万篇以上的核心期刊论文规模而言，完成这项计量工作似乎成了“不可能的任务”。

其次，参考文献中的很多期刊论文可能是研究生学位论文的重要构成，它们的学术贡献其实也是研究生学位论文的学术贡献。只要存在这一情况，研究生学位论文的学术贡献就存在显著被低估的可能。然而，要区分哪些期刊论文是研究生学位论文的一部分，哪些不是，较之判断各参考文献的学术贡献，难度更大。但从当前我国硕士研究生的培养现实来看，期刊论文是硕士学位论文组成部分的概率非常小：大部分的硕士培养单位并未对硕士发文做出要求；2～3年的硕士研究生阶段学习也难以产出高质量的期刊论文。因此，从这个意义上来讲，这一问题对于硕士学位论文学术贡献的低估程度可以忽略。

最后，“中国知网”所提供的参考文献中的研究生学位论文仅仅为被中国知网“中国优秀硕士学位论文全文数据库”和“中国博士学位论文全文数据库”所收录的学位论文。一大部分没有获评“优秀”的硕士论文没有被包括在内，而这部分论文均可能对核心期刊论文的产出做出贡献，这一现象也会导致对研究生学位论文学术贡献的低估。当然，我们认为这一现象所导致的低估是微不足道的，因为未获评“优秀”的硕士学位论文较优秀硕士学位论文，其被引次数可能更低。

第五章　质量的动态评价：统计指数的应用*

指数概念源自统计学，可从两个方面界定：第一种是规范性定义，它对指数本质进行界定，如指数是以相对数形式反映事物在数量上变动的统计方法；第二种是操作性定义，从测量角度对指数进行界定，即指数为若干组相互关联数值的加权平均数。[①] 同时，指数也可依据不同的分类标准划分为不同类型，指数依据内容可分为数量指数和质量指数；依据计算方法可分为简单指数和加权指数；依据应用范围可分为动态指数和静态指数；依据对比时期可分为定基指数和环比指数。

当前，国内外学者构建了多样化的教育指数以回应不

* 本章部分内容曾刊发于《学位与研究生教育》2018 年第 12 期（王传毅等：《研究生教育质量指数：构建与应用》）。

① 刘惠琴等：《研究生教育发展指数之构建研究》，《清华大学教育研究》2020 年第 2 期。

同主体对教育事业的关注，大体可分为两个类型。一类是整体性指数，力图通过若干核心指标的整体性表现展示国家或地区教育发展状况。如联合国提出的全纳教育发展指数（the education for all development index），采用成人扫盲率、初等教育入学率以及小学5年级之后继续接受教育的比例等反映各国教育的发展程度。[①] 联合国提出的人类发展指数（human development index），采用预期受教育年限和平均受教育年限来测量一国居民的受教育程度。[②] 我国长江教育研究院发布的中国教育指数，采用毛入学率、经费投入等多项指标测量教育发展的充分性、创新性及可持续发展能力。[③] 另一类是具体学段指数，通过聚焦各学段的教育特征，满足各利益相关主体对教育发展水平、规模、质量等多个方面的关注。在基础教育阶段，教育发展指数一般聚焦“公平”和“均衡”，如一些学者构建了基础教育均衡发展指数，反映基础教育在教育机会、资源配置、质量和成就方面的均衡情况；[④] 在高等教育阶段，教育发展指数一般聚焦“规模”与“质量”，常以高等教育机会的分配（毛入学率的变化）以及要素（如学生、教师）的增长反映“规模”，[⑤] 以

---

① “The Education for All Development Index,” https://ru. unesoo. org/gem_ report/educatioon-all-development-index. pdf.

② “Human Development Report 2016 Human Development for Everyone,” http://hdr. undp. org/sites/default/files/2016_ human_ development_ report. pdf.

③ 张炜、周洪宇：《中国教育指数（2019 年版）》，《宁波大学学报》（教育科学版）2019 年第 3 期。

④ 翟博：《教育均衡发展指数构建及其运用——中国基础教育均衡发展实证分析》，《国家教育行政学院学报》2007 年第 11 期。

⑤ 詹正茂：《我国高等教育发展水平的综合评价指数研究》，《科学学与科学技术管理》2004 年第 9 期。

支撑条件（如生均经费）、获奖情况以及科研影响力（如论文被引数量）等指标反映质量。①

两类教育发展指数均具有如下特征：①聚焦问题，针对性强，精选最能反映教育发展态势的指标构建指数，不贪大求全，也不面面俱到；②客观可测，指数中所有指标均可测度、可计量、可重复，且主要采用教育事业发展统计类的指标；③可靠可比，指标的外延一致，在历时性和共时性对比上具有相当的可靠性，共时性对比的指标能够准确反映各国或各地区的差异及集中趋势，历时性对比的指标能够有效捕捉数据的变化特征，呈现长期发展趋势；④视角多元，有的主要关注教育自身的发展，有的更加关注教育通过社会功能与经济社会系统的关联。

结合上述教育指数的构建经验，本章致力于通过若干测量教育质量指标的加权计算，综合表征一国研究生教育质量现状、发展变化及其与相关国家研究生教育质量差异程度的相对数值。从这个意义上讲，研究生教育质量指数是一个狭义的指数，是为了反映一国研究生教育质量水平所构建的相对数；是一个综合指数，拥有多项测量质量的指标；是一个加权指数，且各指标的权重有所不同；是一个动态指数，可反映研究生教育质量的发展变化；是一个定基指数，将既定年份既定国家的研究生教育质量数值作为基期，其他年份各国家的研究生教育质量数值作为报告

① 陆国栋等：《我国普通本科院校教师教学发展指数：设计、实践与启示》，《中国高教研究》2019 年第 7 期；武建鑫：《高等教育研究指数的构建与运用——基于文献计量学的实证分析》，《中国高教研究》2016 年第 7 期。

期进行历时性的比较分析。

一　质量指数的相关研究

国内不少学者已经对研究生教育质量指数有了深入的研究，其选取的指标见表5-1。这3项研究成果不仅涵盖了研究生教育方面的重要指标，也包括一些非常具有特色的指标，例如研究生总体满意度这一指标来源于《学位与研究生教育》杂志社在全国所开展的大规模调查，涵盖了各层次各类型的在读研究生，样本量超过5万人；研究生发表学术论文数、学位论文抽检优良率这两项指标的数据由湖南省学位委员会办公室提供，是研究生教育质量的直接表征。

表5-1　研究生教育质量指数研究的代表性成果

学者	论文题目	指标选取
王战军、唐广军[①]	《研究生教育质量指数构建研究》	研究生生师比、研究生就业率、专业学位硕士招生比例、来华留学研究生占比、研究生总体满意度
翟亚军等[②]	《研究生教育质量的指数测度方法——对“985工程”一期教育部直属高校的实证分析》	生师比、生均科研经费、资产总额

续表

学者	论文题目	指标选取
常思亮、何维雄[③]	《研究生教育质量指数预警模型的构建及其应用——对湖南省属重点高校的实证分析》	导师数、科研经费数、培养研究生数、发表论文数、优秀学位论文数、生师比、生均科研经费、生均学术论文数、学位论文抽检优良率

注：①王战军、唐广军：《研究生教育质量指数构建研究》，《学位与研究生教育》2017 年第 12 期。

②翟亚军等：《研究生教育质量的指数测度方法——对“985 工程”一期教育部直属高校的实证分析》，《教育研究》2012 年第 2 期。

③常思亮、何维雄：《研究生教育质量指数预警模型的构建及其应用——对湖南省属重点高校的实证分析》，《大学教育科学》2015 年第 6 期。

但上述研究也存在一定的局限性。首先，大多数指标难以实现国际之间的对比，即使是导师数这一看似简单的指标，由于各国的导师制度不同，在实际测算中也存在巨大难度。其次，对于适度指标的转换也需要进一步商榷，如生师比、专业学位硕士招生的最佳比例，理论界尚存在争议。此外，很多指标无法通过公开数据源获取，例如学位论文抽检优良率。即使是研究生发表的论文数这一貌似可通过公开途径查找计算的指标，现实中若没有政府主管部门或高校的支持，也无法精确测量。例如，在第三章评价研究生科研参与质量时，曾经通过人工的方式对 2013 年我国发表的 300 多篇 ESI 热点论文，中文核心期刊刊载的 1 万余篇论文进行查询，通过论文中作者介绍、网络引擎搜索以及发送邮件等途径识别作者信息，工作量巨大，但总体上仍约有 30% 的作者身份无法确定。

因此，需要在上述研究的基础上对指标进行取舍，并进行优化和补充，使之能够更好地为定位我国研究生教育质量提供数据支持。

二 质量指数的指标体系构建

构建反映一国研究生教育质量且能实现国际可比的研究生教育质量指数必须要有以下“四个考虑”：第一，考虑一国为研究生的教学以及科研训练所投入的资源数量及质量；第二，考虑一国相较于其他国家，其研究生教育的吸引力和竞争力；第三，考虑研究生对本国经济社会发展所做的贡献；第四，考虑培养出的推动人类科学进步的学术大师的数量。基于此，可从四个“力”的维度设计国家层面的研究生教育质量指数。

第一是资源支撑力，即支撑一国研究生教学和科研训练的优质资源数量，包括教学、科研、师资和学科四个方面。教学质量的量化往往不太容易，一般采用生师比这一指标来衡量，但生师比本身存在各国计算口径不一、最佳比例不明等问题，故本节将教学声誉作为教学质量的观测指标，将教学声誉进入全球排名前500的院校总数作为一国研究生教学质量的体现。科研条件的量化往往较为容易，本节采用博士生均研发经费作为观测点，即投入高等教育部门的R&D（Research and Development）经费与在学博士研究生的比例，较之科研经费总量，博士生均研发经费更能反映科研经费对研究生，特别是以科研为主要任务的博士生的支撑程度。师资条件，特别是教师质量也缺乏全球可比的指标，国外通常采用讲席教授数，国内则往往采用院士数、长江学者数作为评价师资力量的指标，导致难以实现国际之间的对比。科睿唯安（Clarivate）公司依据科学家们发表在SCI、SSCI、A&HCI中的学术论文及其被引情况筛选出全球范围内的高被引科学家，这可视为在同一标准下对各国教师质量进行评价的一项指标。学科平台是一项综合性指标，目前国内外经常使用科睿唯安公司采用的ESI学科排名，但一方面ESI学科排名与高被引科学家来源于同一数据源，属于相同数据的不同形式，具有一定的重复性，另一方面ESI学科排名主要依据论文发表数、论文被引数和篇均被引数3个指标计算，评价内容略显单一，因此，本节采用的是《泰晤士报》发布的世界大学学科排名中排名前100的学科数量，该排名综合了教学、科研、校企合作以及国际化等多个方面的指标。

第二是国际竞争力，指既定国家在吸引研究生出国留学方面所拥有的竞争力，即当年出国留学的研究生群体有多大比例选择了既定国家。可采用留学研究生份额进行观测。留学研究生份额，即一国研究生层次中留学生数量占当年全球留学生总量的份额，该指标反映的是在全球留学研究生市场中，一国所拥有的“市场份额”，较之于目前通用的留学生占本国学生比例这一指标，留学研究生份额更能规避本国教育规模对指标计算的影响。

第三是社会贡献力，即研究生教育为本国经济社会发展所做出的贡献。按照劳动经济学的基本观点，工资体现着劳动价值，因此研究生的平均工资可以从整体上反映一名研究生对经济社会发展的贡献。但由于各国的工资水平受到其物价水平、通货膨胀率以及汇率水平等多方面的影响，故本节采用的是研究生相对收入指数，即研究生平均收入相对于本科生平均收入的倍数，从而相对地衡量研究生对本国经济社会发展所做出的贡献。另外，在不考虑研究生个人就业意愿和摩擦性失业的前提下，研究生就业率是一国劳动力市场对研究生需求程度的直接反映，在工资水平不变的情况下，研究生就业率越高，研究生教育对本国经济社会发展所做的贡献就越大。

第四是大师培养力，以一国研究生教育所培养出的学术大师的数量来衡量。虽然随着研究生教育规模的扩张，研究生教育类型也在不断多元化，但学术研究仍然是研究生教育最为核心的任务之一，推动知识边界的前移是研究生教育永远不可能回避的任务。即使是一些学者发现博士教育的本质已经从培养学者转为培养精英，但这只是一个外延扩大的过程：精英不仅包括学者，也包括能够将科研能力迁移至应用性场景并创造性地解决现实问题的博士们。[①] 从某种意义上说，培养出的学术大师数量是代表一国研究生教育水平的重要指标。

综上，所构建的研究生教育质量指数的指标体系如表 5－2 所示。

表 5－2　研究生教育质量指数的指标体系

维度	一级指标	二级指标	数据来源
资源支撑力	教学质量	教学声誉进入全球排名前 500 的院校数量	Times Higher Education

① 王传毅、赵世奎：《21 世纪全球博士教育改革的八大趋势》，《教育研究》2017 年第 2 期。

续表

维度	一级指标	二级指标	数据来源
资源支撑力	科研条件	博士生均研发经费	OECD 数据库，各国教育统计机构
	师资条件	高被引科学家数量	科睿唯安数据库
	学科平台	世界大学学科排名中排名前 100 的学科数量	Times Higher Education
国际竞争力	留学研究生份额	留学研究生占全球留学研究生数量的比例	OECD 数据库
社会贡献力	研究生就业率	硕士就业率	OECD 数据库
		博士就业率	OECD 数据库
	研究生收入	研究生相对收入指数	OECD 数据库
大师培养力	培养出的学术大师数量	研究生获得诺贝尔奖、菲尔兹奖的人数	软科世界大学学术排名

注：①博士生均研发经费为“高等教育部门 R&D 经费”除以“在学博士生数”，“高等教育部门 R&D 经费”数据来源于 OECD 统计库，https://stats. oecd. org/；“在学博士生数”数据来源于英国高等教育统计局，http://www. hesa. ac. uk/；德国联邦统计局，https://www. destatis. de/；澳大利亚统计局，http://www. abs. gov. au/；日本文部科学省，http://www. mext. go. jp/；中国学位与研究生教育发展年度报告课题组等编《中国学位与研究生教育发展年度报告（2016）》，高等教育出版社，2017；美国在学博士生数由作者基于美国博士的入学数、流失率和完成率所建立的预测模型计算得出，模型明细可向作者咨询（作者邮箱为 wangchuanyi1128@163. com）。②美、英、德、澳留学研究生占全球留学研究生数量的比例来源于 OECD 数据库，日本留学生数据来源于日本文部科学省，http://www. mext. go. jp/；中国留学生数据来源于“来华留学生简明统计”，按照日本和中国留学生数与英国留学生数的比例关系将其占全球的份额进行折算。③OECD 所给出的研究生相对收入指数是将高中毕业后的收入作为参照系，本节对其进行了换算，将 OECD 中的研究生相对收入指数除以本科生相对收入指数得到相对于本科生的研究生相对收入指数。由于 OECD 未提供中国研究生相对收入指数，作者通过麦可思公司抽样调查所得的一线、二线和其他城市研究生和本科生的工资的数据，将各省市研究生学历比重、技术市场成交额、GDP 和城镇非私营单位就业人员平均工资进行聚类分析，并将其分为三类，并按照类中数量进行平均工资的加权计算。④研究生获诺贝尔奖、菲尔兹奖的人数得分来源于软科公司的世界大学排名，但由于时间有限并未区分本科生和研究生，这将在后续研究中加以改进。

三　质量指数的赋权与测算

由于研究生教育质量指数指标体系中各指标的单位不统一，且某些指标中具有奇异值，故需要先将原始数据通过自然对数变化，使其数值差异变得相对平缓，再将既定指标中 2013 年中国的数值设为 100，通过与不同年份不同国家的数值进行比较，得到其他年份不同国家的指数值。

由于总指数的计算需要汇总不同指标所计算的单一指数值，因此需考虑指标的赋权问题。所构建的研究生教育质量指数采用三种赋权方法。①平均赋权法，即采用联合国教科文组织提出的教育发展指数的赋权方法，将每个指标平等对待，权重相等。②区分度赋权法，即按照不同指标对于国家之间发展差异的区分度进行赋权，从而凸显差异，强调对比。具体做法是将各指标数值的方差和总方差计算出来，指标权重等于该指标方差占各指标方差之和的比重。方差越大，说明该指标内部各国的数值差异越大，即指标的区分度越高，当其数值乘以由其较大方差所决定的权重时，该指标中各国的指数值差异将会被放大。③专家赋权法，即选取多位专家，按照指标重要性的认知对其权重进行打分，通过层次分析法将通过一致性检验的专家打分转化为指标权重。各二级指标在三种赋权方法下的权重数值见表 5 - 3。权重数值显示：三种方法所赋权重具有较大的差异，平均赋权法与区分度赋权法的权重不相关（相关系数为 -0. 04），区分度赋权法与专家赋权法的权重中度相关（相关系数为0.63），平均赋权法与专家赋权法的权重低度相关（相关系数为0.28）。

表5－3　各二级指标由赋权法计算所得权重数值

二级指标	平均赋权法	区分度赋权法	专家赋权法
教学声誉进入全球排名前500的院校数量	0.11	0.07	0.23
博士生均研发经费	0.11	0.21	0.19
高被引科学家数量	0.11	0.05	0.08
世界大学学科排名中排名前100的学科数量	0.11	0.30	0.21
留学研究生占全球留学研究生数量的比例	0.11	0.12	0.05
硕士就业率	0.11	0.05	0.03
博士就业率	0.11	0.05	0.04
研究生相对收入指数	0.11	0.05	0.02
研究生获得诺贝尔奖、菲尔兹奖的人数	0.12	0.10	0.15

图5－1至图5－3分别展示了用平均赋权法、区分度赋权法和专家赋权法所计算出的六国研究生教育质量指数。

第一，虽然三种权重设置具有显著的差异，但三种赋权计算方法的结果显示出高度的一致性，不同赋权方法下所计算出的质量指数两两之间的相关系数均高于0.95，为显著的高度相关，这表明无论是基于专家对指标重要性的理解，抑或基于指标自身的区分度还是将所有指标等量齐观，利用该指标体系对各国研究生教育质量水平的监测均有很高的稳定性。第二，从共时性特征来看，美国研究生教育质量总指数始终遥遥领先，英国虽跟随其后，但仍有显著距离，德国、日本和澳大利亚三者的研究生教育质量指数非常接近，中国距离上述国家还有明显距离。第三，从历时性特征来看，美国虽然指数水平较高，但近三年有微弱的下降趋势，英国稳中有升，日本、澳大利亚和德国水平接近，基本稳定，变化趋势不显著，中国虽然指数数值较低，但近三年增幅显著，进一步缩小了与上述五国的差距。

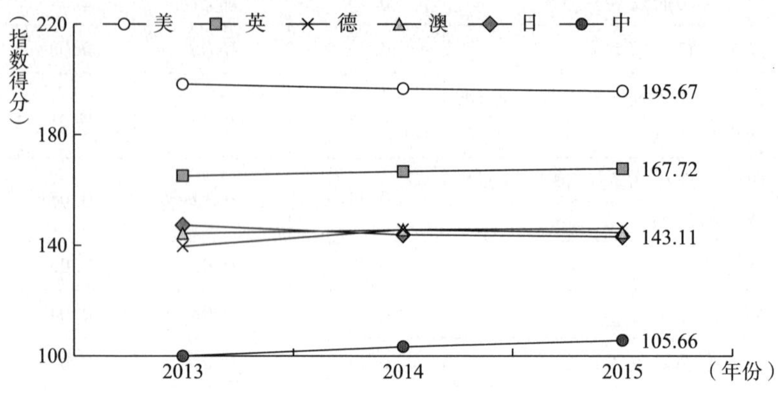

图 5－1　2013～2015 年六国研究生教育质量总指数（平均赋权法）

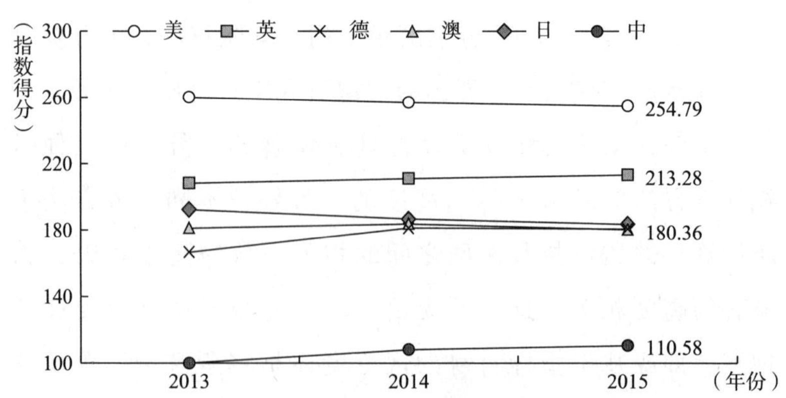

图 5－2　2013～2015 年六国研究生教育质量总指数（区分度赋权法）

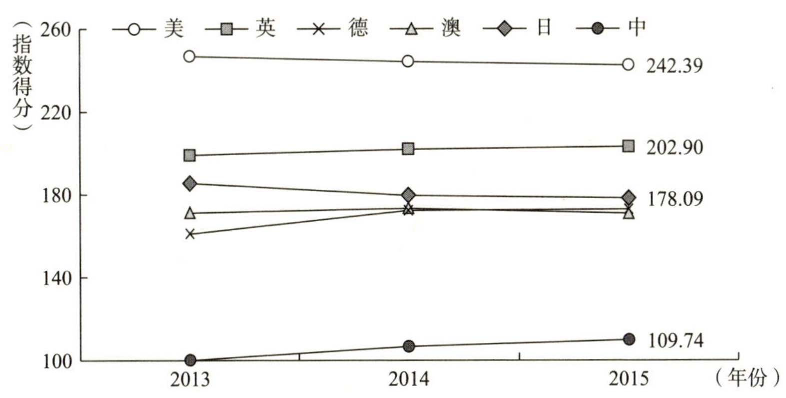

图 5－3 2013～2015 年六国研究生教育质量总指数（专家赋权法）

具体从不同分指数来看，各国在资源支撑力、国际竞争力、社会贡献力和大师培养力上表现出来的特征不尽相同。

从资源支撑力分指数来看，美国的研究生培养条件遥遥领先，但是呈现衰退的趋势；中国尽管资源支撑力指数最弱，但是呈现明显的上升趋势；英国、德国、澳大利亚和日本有升有降，但幅度并不大，其中英国的资源支撑力指数最高，德国和日本相当，澳大利亚在四国中条件支撑力指数最低，但要明显高于中国（见图 5－4）。

从国际竞争力分指数来看，六国中研究生留学生在全球份额中占比最高的是美国，其次是英国、德国和澳大利亚；值得关注的是，尽管中国的研究生中留学生比例较低，但中国研究生中留学生的绝对数量在世界留学生总量中的比例要明显高于日本，这反映出我国研究生教育也具备一定的国际竞争力（见图 5－5）。

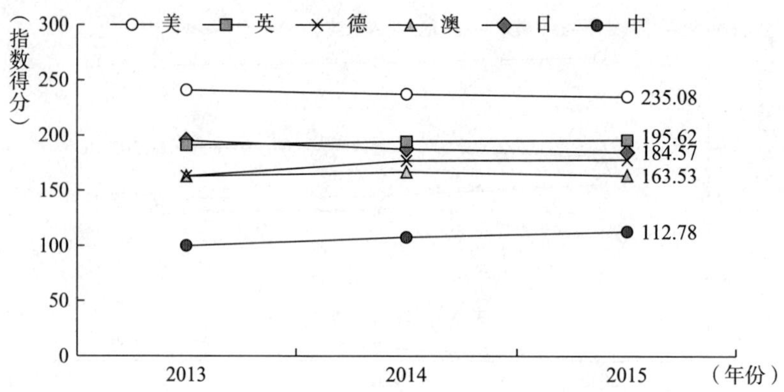

图 5－4　2013～2015 年六国研究生教育资源支撑力分指数（平均赋权法）

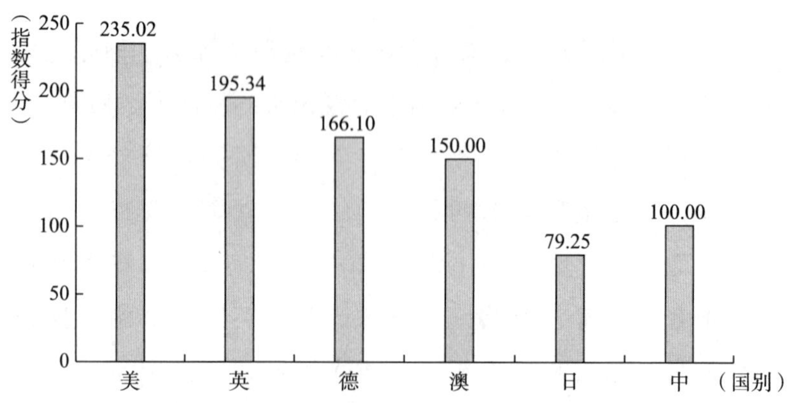

图 5－5　六国研究生教育国际竞争力分指数（平均赋权法）

从社会贡献力分指数上看，世界各国研究生教育的社会贡献力基本相当。但值得关注的是，中国研究生的社会贡献力要明显优于其他国家，并且呈现上升的趋势，反映出我国当前的经济发展对研究生有着旺盛的需求，而我国研究生教育也确实对国家经济社会发展贡献显著。这也表明：研究生教育质量指数除了寻求国际可比的共性标准，也应该立足本国国情，加强考察本土贡献这一相对标准（见图 5－6）。

从大师培养力分指数上看，六国之间展现出明显的差距：美国的大师培养力指数最高，其次是英国，位列其后的分别是澳大利亚、日本和德国，中国的大师培养力在六国中最低，反映出我国研究生教育对拔尖创新人才的培养仍非常不足（见图5－7）。

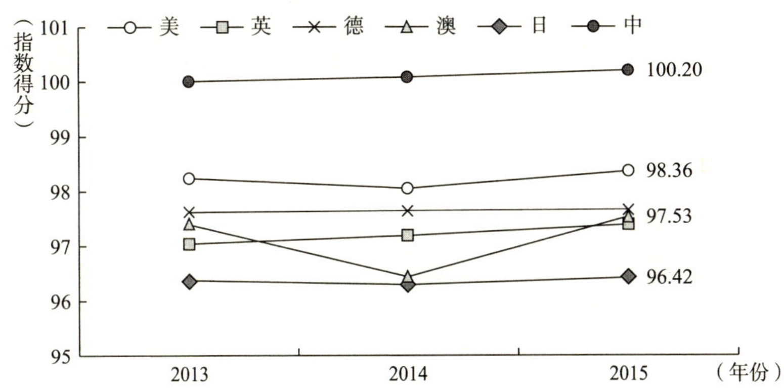

图5－6　2013～2015年六国研究生教育社会贡献力分指数（平均赋权法）[①]

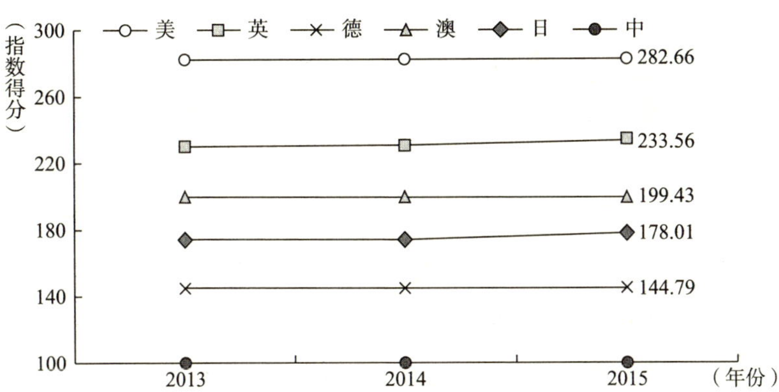

图5－7　2013～2015年六国研究生教育大师培养力分指数（平均赋权法）

① 中国的研究生相对收入水平测算方式：通过对各省区市研究生学历比重、技术市场成交额、GDP和城镇非私营单位就业人员平均工资进行聚类分析，将各省区市工资水平分为三类，并分别对应麦可思报告中一线、二线和其他城市工资水平，最终加权计算得到。

第六章　持续改进：向新而行的质量评价

本书尝试在现有研究生教育质量评价的基础上，进行深入反思，守正创新，进一步丰富研究生教育质量评价的“方法丛林”。本书认为，以全面审核方式强化对非认知能力的考察，有助于提升研究生生源质量；综合基于自陈报告的在学体验、能力增值以及客观观测的科研参与行为，能够更有效地打开研究生培养过程这一“黑箱”，以促进研究生培养质量提升；追踪学位论文发表后对相关领域后续研究产生的持续影响，有助于把握学位论文在学术谱系中的位置，为学位论文质量评价提供更加全面而客观的判断依据；以指数方式监测研究生教育质量的历时性变化、把握质量的共时性特征，有助于国家、地区准确定位自身研究生教育发展水平，为研究生教育战略规划与政策制定提供决策依据。

未来质量评价方法将进一步创新，在现有方法基础上更加系统，更加精准，更加稳定，本章将进一步提出未来可能的发展方向。然而方法创新并不能一蹴而就，新方法不一定比旧方法适用性更强，也有可能带来新问题，同时也面临着更新方法（或者更优方法）的挑战，这一点必须被充分认识。

一　持续完善全面审核的评价工具

虽然全面审核并非完全摒弃对申请者学业成就的考察，而是全面衡量申请者过去的学习经历、当下的学术能力与非认知能力以及未来的科研潜力，但全面审核的科学性依然有较大的提升空间，可进一步从以下方面进行改进。

第一，试点推行面向不同院校、不同学科门类的研究生招生全面审核的观测维度与计分标准。全面审核要求至少但不限于考察申请人过去的学习经历、当下的考试成绩和未来的发展潜力，并且规定各个观测维度的分数转换标准，其中的难点在于面试环节以及个人陈述、专家推荐信等申请材料的结构化测量评价。美国高校大多重视申请人的考试成绩与写作沟通能力，目前已建立相对完善的计分标准体系，但面试环节仍高度依赖面试组专家的主观判断，结构化程度有待提升。计分标准的结构化取决于问题设置的结构化，因此我国高校可以以面试问题设置为突破口，对于知识性问题依据答案是否正确给出分数，对于开放性问题依据专业共识给出分数。同时不容忽视的是，不同院校和不同学科的生源需求及培养特色存在巨大差异，因此探索分层分类的多元观测维度与计分标准至关重要。

第二，优化非认知能力的测量工具。中国对于研究生非认知能力的考察方式以面试为主，手段较单一且信效度不佳，可以说目前仍处于“摸着石头过河”的阶段。现行的测量工具都需要在一个更长的时间维度上进行检验，例如承载着 ETS 巨大希望的个人潜力指数（PPI）被 ETS 叫停，其原因就在于 PPI 的打分系统存在潜在的“偏见”，打分人可能会因为“宽容心”而给申请者高分。但正如美国研究生院理事会所言，“加强对研究生院申请者非认知能力的测量有助于提高学生群体的多样性，从而激发研究生创新的活力，同时能够更有效地弥补单纯依靠考试来考查学生学习能力的弊端”。[①] 有鉴于此，针对优化非认知能力测量，本书有以下几点建议。

其一，通过对国内著名导师和优秀研究生的访谈、调查，进一步确定影响中国研究生学业成就的非认知能力。目前系统探讨影响国内研究生学业成就的非认知能力的研究仍然很少。同时，中国研究生的培养也具有其独特性。立足本土，探索中国研究生的培养规律，挖掘影响中国研究生学业成就的非认知能力尤为重要。

其二，优化量表测验，纳入具有道德两难性的情景式、案例式题目，增强题目科学性。

情景式题目具有较高的仿真性，能够提高测量的有效性并且兼顾群体差异。

其三，进一步增强面试环节的结构化程度。针对当前面试环节的缺陷，院校研究生招生的实施部门需要：①优

---

① “Holistic Review in Graduate Admissions,” http://cgsnet.org/ckfinder/userfiles/files/CGS_HolisticReview_final_web.pdf.

化面试问题的设置，既在凸显科学性和系统性的前提下增强问题的预设性，又需要“随机应变”为现场有针对性的提问提供空间，正如清华大学研究生院负责招生的老师所指出的“应根据学科共性素质要求和特殊素质要求设计考核内容和形式”；[①] ②形成明晰的评分标准，对于知识性问题，可以根据回答问题的正确与否来进行评分，对于开放性的问题，要确定与自身专业实际情况相联系的评分等级原则。总而言之，要做到问题设计具有科学性和针对性，评分标准有理可依，避免出现不同考官对评分原则、等级理解不一致的现象。

其四，试点采用标准化推荐信，并进行改进。虽然美国 ETS 暂时取消了 PPI，但并不代表 PPI 一无是处，相反一些学者已经提出了优化 PPI 的思路：①确定常模，通过数据的累积，提供各学校或院系学生非认知能力的分数以及每个具体维度的相对位次，使招生机构更加恰当地基于推荐信进行决策；②推荐人评价结果即时反馈，通过建立数据库，在推荐人完成评价后，系统提供即时反馈（反馈示例：对这位申请人的评价在您已有的评价中处于前百分之二十，您确定吗?)，这种反馈有助于推荐人保持自身评价标准的一致性，在评价过程中更加客观公正；③推荐人宽严程度校正，当推荐信系统中汇集起越来越多的评价信息时，就可以对推荐人的评分宽严程度进行评判，并实现评分校正；④推荐人效度校正，在推荐人的评分与其他申请人的

---

① 王任模等：《博士生招生“申请—审核”制探索》，《学位与研究生教育》2017 年第 3 期。

研究生学业成就变量（例如研究生的GPA）之间建立联系，考察推荐信的预测效度，对预测效度高的推荐人赋予更大的权重；[①] ⑤对推荐信的打分结果保密；⑥要求推荐人对远高出或远低于平均值的打分给予详细的解释。[②] 基于这些改进，立足于我国实际，开发本土化的标准化推荐信是测量考生非认知能力的重要方向。

其五，纳入传记数据法（bio-data），基于考生过往经历考察其非认知能力。传记数据通常是指人们将传记信息呈现在一个自我报告的、标准化的、多项选择形式的问卷中，问卷要求考生描述过往经历以及提供能够推测或证实自己个性的材料等（题目示例：本科时期参与教师组织的科研项目的个数；是否有社区志愿服务经历）。通过对传记问卷填答情况的分析，了解考生的非认知能力。但需注意，招考人员必须对传记数据保持警惕，因为处于实际的选拔场景时，申请者有可能提供不实信息以增加申请成功的可能性。当然，要求申请者提供翔实的佐证材料有助于降低虚报的可能。[③] 此外，在对传记数据进行评分时也可考虑采用双向匿名的评价系统，从而降低招考中来自道德的风险。[④]

---

① J. M. McCarthy and R. D. Goffin, "Improving the Validity of Letters of Recommendation: An Investigation of Three Standardized Reference Forms," *Military Psychology*, Vol. 13, No. 4, 2001, pp. 199 – 222.

② "The Standardized Letter of Recommendation: Implications for Selection," http://www.ets.org/research/policy_research_reports/publications/report/2007/hsnx.

③ N. Schmitt et al., "Impact of Elaboration on Socially Desirable Responding and the Validity of Biodata Measures," *Journal of Applied Psychology*, Vol. 88, No. 6, 2003, pp. 979 – 988.

④ 周伟、张弛、徐昶：《博士生招生"申请—考核"制的双向匿名评价系统研究》，《学位与研究生教育》2017年第3期。

第三，研究生培养单位也需为院系招生工作组成员提供全面审核的培训服务与参考资料，保证申请人与培养项目的双向匹配。实施全面审核在赋予院系更大招生自主权的同时也对其人才选拔水平提出更高要求，校级研究生招生部门作为招考流程中承上启下的协调组织，可定期组织全面审核相关工作坊，帮助院系招生工作的具体实施人员提高对申请材料的甄别筛选能力，结合不同培养项目的培养目标、师资队伍、文化氛围、专业规范和学生群体特征，在入口阶段选拔最适切的生源进入培养序列。

二　更加精准地考查培养过程

虽然以审阅自陈报告的方式调查研究生在学体验和能力增值情况，在诊断院校在研究生培养环节中存在的问题、提高研究生培养质量上发挥了重要作用，但仍存在主观感受不准确、质量监测不及时、问题指向不精准等有待改进之处。因此，本书以研究生科研参与的客观行为——与研究生导师合发论文为观测点，考察研究生的知识生产贡献，以观测研究生（特别是学术学位研究生）的培养质量。不过这一方法仍然有较大的提升空间，简单以发文数量和作者顺序来推断研究生科研参与的数量和质量的做法不够完善。

本书认为，可进一步细分研究生在科研参与中的角色和承担的任务，准确反映研究生具体的学术贡献，从而对研究生培养质量进行评价。以学术论文为例，一篇论文的完成需要角色分工，如选题、文献调研、实验、数据分析、文字撰写及项目管理等。在自然科学领域，20 世纪 80 年代，研究人员对论文发表的贡献集中在文稿撰写环节（33.8%），进入 90 年代，实验操作与数据分析的重要性逐渐上升，Vinkler 的调查显示，大部分研究人员在论文发表中的角色分工的贡献比例是实验操作占 30%，数据分析占 25%，文稿撰写的比例下降到 10%（见表 6－1）。

表 6－1　不同学者划分的自然科学论文发表中的角色分工贡献比重

单位：%

角色分工	学者及其观点		
	Winston①	Hunt②	Vinkler③
选题	18.4	—	15
文献调研	7.3	—	10
实验操作	14.7	25.0	30
项目管理	14.7	12.5	10
数据分析	11.1	22.5	25
专家贡献	—	15.0	—
文稿撰写	33.8	25.0	10

注：①R. B. Winston, "A Suggested Procedure for Determining Order of Authorship in Research Publications," *Journal of Counseling and Development*, Vol. 63, No. 8, 1985, pp. 515－518.

②R. Hunt, "Trying An Authorship Index," *Nature*, Vol. 352, 1991, p. 187.

③P. Vinkler, "Research Contribution, Authorship and Team Cooperativeness," *Scientometrics*, Vol. 26, No. 1, 1993, pp. 213－230.

对学术的贡献也越来越能够从各类出版物的声明中了解。研究人员、资助机构、学术机构、编辑和出版商对提高研究贡献的透明度和可测量性越来越感兴趣。国外一些出版商开始要求作者在提交文章时一并提交贡献披露声明

(contribution disclosure statements)，这类声明有些是结构化的，有些并没有固定的形式。与此同时，资助者也正在开发更加科学严谨的方法，以跟踪其研究投入的产出和影响。在此背景下，2012 年贡献者角色分类法（Contributor Roles Taxonomy，CRediT）应运而生。当时维康信托和哈佛大学共同举办了一次研讨会，将对探索替代性贡献归属模式感兴趣的学术界、出版界和资助方成员聚集在一起，目的是开发一个贡献者角色分类法，并力求做到既实用又容易理解。对科学领域发文作者进行的抽样测试结果显示，研究者普遍接受了这一分类法，对这次抽样测试结果的详细介绍见 2014 年 4 月的《自然》评论。此后，贡献者角色分类法被美国石油地质学家协会（American Association of Petroleum Geologists，AAPG）、英国心理学会（British Psychological Society）、细胞出版社（Cell Press）、CPC 商业观点（CPC Business Perspectives）和达特茅斯期刊服务公司（Dartmouth Journal Services）等一系列知名出版商所认可，并为营造良好的研究生态奠定了基础，如：有助于降低发生作者纠纷的可能性；坚持作者贡献度认定政策；使研究人员的不同贡献（包括数据整理、统计分析等）都能得到关注和认可，尤其是在多作者成果中；增强跟踪个别研究者和资助对象的产出和贡献的能力；便于识别潜在的合作者和建立研究网络。2020 年 4 月 23 日，美国国家信息标准组织（NISO）宣布将贡献者角色分类法正式化并发展为 ANSI/NISO 标准。

贡献者角色分类法将学术成果的贡献者通常按所扮演的角色分为 14 类，具体包括提出研究框架（conceptualization）、数据整理（data curation）、正式分析（formal analysis）、申请资助（funding acquisition）、开展调研（investigation）、方法论（methodology）、研究项目管理（project administration）、提供研究资源（resources）、提供软件支持（software）、研究指导（supervision）、研究结果验证（validation）、可视化（visualization）、初稿撰写（writing-original draft）和文稿修订与编辑（writing-review & editing），各个角色的详细分工如表6－2所示。随着贡献者角色分类法的逐步推广，未来对研究生科研参与贡献的测量也将越来越精准和全面。

表6－2　学术成果贡献者角色分工

贡献者角色	分工
提出研究框架	提出研究想法；制定总体研究目标
数据整理	管理研究数据，包括初始数据的清洗和后续阶段的维护
正式分析	应用统计、数学、计算机或其他形式的技术来分析或整合研究数据
申请资助	为研究项目争取资金支持
开展调研	开展调查或实验，或是其他形式的数据收集工作
方法论	开发或设计方法论；创建模型
研究项目管理	对研究活动的计划和执行进行管理和协调
提供研究资源	提供研究材料、试剂、实验室样本、仪器设备、计算机资源或其他分析工具
提供软件支持	编程、软件开发；设计计算机程序；计算机代码和支持算法的实现；现有代码组件的测试
研究指导	对研究活动的规划和执行进行监督和领导，包括对核心团队外部的指导

续表

贡献者角色	分工
研究结果验证	作为研究活动的一部分或单独的步骤，验证研究结果的可重复性
可视化	可视化展示研究结果
初稿撰写	撰写研究初稿（包括实质性翻译）
文稿修订与编辑	对文稿提出批判性审阅、评论或修订

资料来源：https://casrai.org/credit/。

随着大数据分析技术的出现，研究生培养过程的留痕记录为基于客观行为的质量评价提供了更广阔的应用前景。培养过程大数据主要包含教学运行数据、过程性和终结性的学业成就数据、科研活动数据等，这些数据与传统数据相比具有动态、实时、量大等特点，这意味着大数据技术能够更好地以学生为中心评价研究生培养环节中的各类质量水平及变化。

三 更加科学地测量学术贡献

以直接引用和间接引用的数量来衡量研究生学位论文学术贡献的潜在假定条件是各篇引用是同质的，在重要性上不存在差异。但其实这是一条非常强的假设，因为在现实的引用情境中，各篇参考文献是否能够被同等对待有待商榷，不同的引用方式、不同的引用位置、引用篇幅的长短都可能与该论文的学术贡献有紧密关联。

例如，在 Blei 等的一篇论文 “Hierarchical Topic Models

and the Nested Chinese Restaurant Process” 中，存在如下两个引用情境。

情境一：The probabilistic object that underlies this approach is a distribution on partitions of integers known as the Chinese restaurant process[1]. We show how to extend the Chinese restaurant process to a hierarchy of partitions, and show how to use this new process as a representation of prior and posterior distributions for topic hierarchies.

情境二：Applications to various kinds of mixture models have begun to appear in recent years; examples include Gaussian mixture models[8], hidden Markov models[9] and mixtures of experts[10].

在情境一中，Blei 等将参考文献［1］拓展到 topic model 处理问题中，该文献的引用因而也更为重要；而在情境二中，参考文献［8］［9］［10］只是作为相关研究被简单提及，其重要性与参考文献［1］相比十分有限。

美国化学学会（American Chemical Society，ACS）于 2006 年发布的《化学研究出版的道德规范》（Ethical Guide-Lines to Publication of Chemical Research）中指出：“作者应该引用对研究工作具有实质性、重要性影响的研究成果，这样可以引导读者快速了解那些对当前的研究起到关键作用的早期相关研究。”那么如何来有效识别研究成果的重要性呢？分析参考文献在论文中被引的位置成为值得探索的方法之一。Siniša 等尝试将参考文献在论文中被引的位置分为 4 个部分并分别赋予不同的重要性评分：引言部分赋值 15 分、方法论部分赋值 30 分、结果部分赋值 30 分、讨论和结论部分赋值 25 分。随后，作者以核物理学、光谱学、色谱分析、生物化学等 28 个主题的 357 篇文献为例，区分出低水平和高水平两类引文，并证明参考文献的被引位置和参考文献质量之间确实存在显著相关关系（$r = 0.855$）。[①] Ding 等将参考文献在论文中被引的位置分为引言、文献综述、方法论、研究结果、研究结论和未来展望 5 个部分，并发现高被引文献通常出现在前三个部分。[②]

这一方法突破了引文分析中单纯依赖引用数量衡量论文学术贡献的局限性，充分考虑到不同引文的异质性，继而凭借引用位置来判断被引文献的重要程度。如表 6－3 所示，参考文献的重要程度由高至低可分为："非常重要""重要""一般""不重要""非常不重要"。如果施引文献以参考文献为起点，是基于参考文献发展出来的，那么该参考文献可被视为"非常重要"。如果施引文献受到被引文献的启发，拓展或者修改被引文献的成果、使用了被引文献的成果、详细引用了被引文献的成果，那么该被引文献可被视为"重要"参考文献。如果施引文献与被引文献工作内容相似或是相互形成对照以及施引文献肯定了被引文献的工作，那么可以认为该参考文献的重要程度为"一般"。如果施引文献简单引用了被引文献的具体内容，只希望通过查看参考文献以了解更多信息或者被引文献的研究

① M. Siniša et al., "Citation Context Versus the Frequency Counts of Citation Histories," *Journal of the American Society for Information Science and Technology*, Vol. 49, No. 6, 1998, pp. 530 – 540.

② Ying Ding et al., "The Distribution of References across Texts: Some Implications for Citation Analysis," *Journal of Informetrics*, Vol. 7, No. 3, 2013, pp. 583 – 592.

仅仅与施引文献相关，只是多个相互比较的被引文献之一，主要对施引文献的未来研究工作有所启示，那么被引文献通常被视为“不重要”。如果被引文献只作为与施引文献研究工作相关的历史背景，甚至不相关，则被视为“非常不重要”。

表 6－3　参考文献的重要程度分类

重要程度	功能类目	描述
非常重要	基础	施引文献以参考为起点
重要	启发	施引文献的研究受到被引文献的启发
	拓展	施引文献拓展或者修改了被引文献的成果
	使用	施引文献使用了被引文献的成果
	详细引用	施引文献详细引用了被引文献的成果
一般	比较	施引文献工作与被引文献形成了对比
	相似	施引文献工作与被引文献工作内容近似
	肯定	施引文献肯定被引文献工作
不重要	相关研究	介绍与施引文献工作相关的其他研究
	简单引用	简单地引用了被引文献的具体内容
	相关工作之间比较	对两个或多个被引文献的工作进行比较
	未来工作启示	被引文献对施引文献的进一步工作有所启示
	拓展阅读	通过查看参考文献了解了更多信息

续表

重要程度	功能类目	描述
非常不重要	历史背景	与施引文献工作有关的历史信息
	无关引用	与施引文献工作不相关的引用

延续这一思路，未来可以尝试使用自然语言处理识别被引学位论文在施引文献中出现的位置，以此来评价学位论文的重要程度，反映论文作者贡献。然而随着研究生学位的多样化，学位论文的类型也随之丰富起来，不同类型学位论文的引用位置和重要程度是否共享一套判断标准仍需进一步探讨。

此外，更需要注意的是，2020 年后国家发布了多项与人才评价、科研评价相关的重要政策，如中共中央、国务院印发的《深化新时代教育评价改革总体方案》，教育部、科技部印发的《关于规范高等学校 SCI 论文相关指标使用树立正确评价导向的若干意见》，教育部、财政部、国家发展改革委印发的《“双一流”建设成效评价办法（试行）》。上述政策均明确指出，要推进代表作评价制度建设。本书提出的学位论文的学术贡献的评价方法，恰好能为代表性论文的评价提供不唯数量、不唯 SCI、不唯影响因子的解决方案，该评价方法将在未来进一步完善优化。

四　构建“三层三维”的质量指数体系

在本书中，虽然对质量指数只进行了不同国家的对比分析，但该指数也可适用于国家层面、省域层面以及院校层面的历时性和共时性分析，以实现不同层面研究生教育发展变化的动态监测。需要注意的是，由于研究对象具有层次差异，各层指标有所不同：国际层面的分析指标为国内外院校共有且内涵外延基本一致的指标，如在学研究生的学术贡献等；能够反映国内研究生教育情况，但在国外高校中无法对应的指标，则不纳入国家层面的分析，如导师队伍中承担重大国家科研项目人数等；省域层面的分析指标为各省高校共有且质量标准相对一致的指标，如研究生教育成果奖，省部级科研基地数等；能够反映本省高校研究生教育情况，但与其他省相比，标准不一、内涵不同、可比性较弱的指标，不纳入省际的比较分析，如省级研究生精品课程数等；院校层面的分析指标是国家层面指标和省域层面指标的集合，具体指标选择可基于院校发展的实际情况考虑。

同时，该指数体系不仅应包括总体的研究生教育质量指数，也应包括博士研究生教育质量指数和硕士研究生教育质量指数，以聚焦不同学段研究生教育的不同定位。其原因在于，博士生教育体现一所大学的高度，以知识创新为导向，面向学术劳动力市场培养未来的学者；① 硕士生教育体现一所大学的活力，包含各种的可能性和多样性，良好的硕士教育应动态、及时、有针对性地满足国家社会和

① 徐志平、沈红：《学术劳动力市场运行的独特性及其成因》，《江苏高教》2019年第2期。

行业需求。[①] 故博士研究生教育质量指数更多基于学术逻辑反映博士研究生对知识创新的贡献；硕士研究生教育质量指数更多反映硕士研究生通过高质量的就业对经济社会发展的贡献。

不同层面与不同学段的交叉，形成了研究生教育质量指数体系框架（见表6－4）。

表6－4　“三层三维”研究生教育质量指数体系框架

	国家层面	省域层面	院校层面
研究生教育质量指数	反映中国与相关国家的研究生教育在既定时域的质量水平及其对国家经济社会发展贡献的变化	反映各省域研究生教育质量水平及其对省域经济社会发展的贡献变化	反映各院校研究生培养质量水平及其变化
博士研究生教育质量指数	反映中国与相关国家的博士生教育以学术标准衡量的质量及其对知识创新贡献的变化	反映各省域博士生教育在既定时域以学术标准衡量的质量及其对科研创新贡献的变化	反映各院校博士生科研参与与贡献、学位论文质量及毕业生从事学术职业等方面的变化
硕士研究生教育质量指数	反映中国与相关国家的硕士生教育在既定时域以社会需求标准衡量的质量及其对经济增长贡献的变化	反映各省域硕士生教育在既定时域以社会需求标准衡量的质量及其对省域经济增长贡献的变化	反映各院校硕士生在既定时域内的学习体验及其就业质量等方面的变化

① 王传毅、王瑜琪、杨佳乐：《重思硕士培养定位：争论与可能》，《清华大学教育研究》2019年第2期。

五　结语：独立的方法、联动的评价

本书虽然将研究生培养工作拆分为招生、培养、学位论文等环节，分别讨论各环节质量的评价方法，但更加重要的是，基于评价结果形成对研究生招生、培养与学位论文质量的联动机制研究。

一方面，可探讨生源质量对培养质量、学位论文质量，培养质量对学位论文质量的影响，如果三者不呈现显著的正向关联，则很可能是评价方法本身存在问题。正如本书第三章所提到的有趣现象：GRE 考试成绩仅对预测第一年课程考试成绩有效，随着研究生年级的增长，GRE 考试对学业成就的预测能力越来越弱，最终呈现和研究生毕业时学业成就弱关联的现象。

另一方面，可依据质量之间的联动关系，为培养过程的政策制定提供参考。联动机制的实施包括：①根据生源质量分类制定课程教学、科研训练、实习实践、资格考试和学位论文各阶段的质量控制办法，强化培养过程管理，同时完善导师遴选、评价制度，保证培养质量；②参考课程学习、科研参与、导师指导等培养环节的质量情况，制定动态的研究生招生指标配置办法，同时对于培养过程中由于各阶段分流淘汰带来的学生减损，以下一年度的招生指标予以适当补偿；③课程学习、科研参与、导师指导等培养环节的质量情况直接决定学位论文选题的前沿性、重要性，以及学位论文撰写的规范性、创新性，成为奠定学位论文质量的“基石”；④依据学位论文质量对培养过程进行更具针对性的改进，为研究生成长提供更加适宜的培养环境；⑤依据学位论文质量对招生指标分配、招生方式进行调整，对于学位论文质量较高的学位点可适度扩大招生规模，反之则合理控制招生指标，对于学位论文质量低下且在国家抽检中多次处于不合格的学位点，则实施停招政策（见图6－1）。

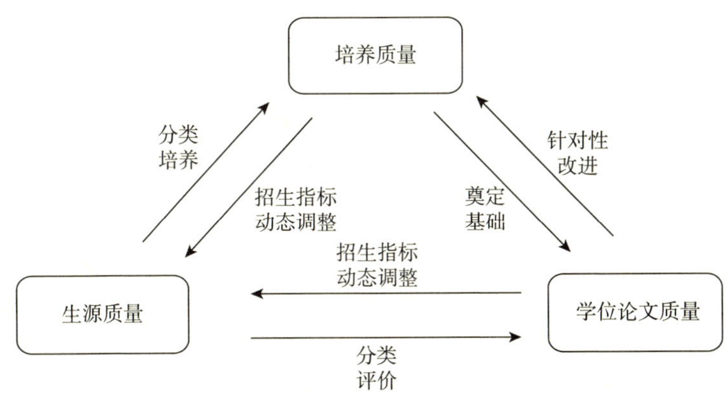

图6－1　生源—培养—学位论文质量联动机制关系

参考文献

一　中文著作类

陈洪捷:《德国古典大学观及其对中国大学的影响》，北京大学出版社，2002。

〔美〕罗伯特·K. 殷:《案例研究：设计与方法》，周海涛等译，重庆大学出版社，2010。

〔德〕马克斯·韦伯等:《科学作为天职：韦伯与我们时代的命运》，李猛编，生活·读书·新知三联书店，2018。

〔美〕乔治·E. 沃克等:《学者养成：重思21世纪博士生教育》，黄欢译，北京理工大学出版社，2018。

秦惠民主编《学位与研究生教育大辞典》，北京理工大学出版社，1994。

邱均平等编著《中国研究生教育及学科专业评价报告2012—2013》，科学出版社，2012。

邱均平主编《信息计量学》，武汉大学出版社，2007。

〔英〕托尼·比彻、保罗·特罗勒尔:《学术部落及其领地：知识探索与学科文化》，唐跃勤等译，北京大学出版社，2015。

袁本涛、王传毅：《我国研究生教育结构调整问题研究》，经济科学出版社，2015。

张人杰主编《国外教育社会学基本文选》，华东师范大学出版社，2009。

二　中文期刊类

包艳华等：《基于国际比较视角的高校毕业生就业跟踪调查机制探析》，《中国大学教学》2018年第7期。

茶世俊：《公地困境与制度分析：中国研究生教育管理体制渐进改革》，《教育学术月刊》2009年第6期。

常思亮、何维雄：《研究生教育质量指数预警模型的构建及其应用——对湖南省属重点高校的实证分析》，《大学教育科学》2015年第6期。

翟博：《教育均衡发展指数构建及其运用——中国基础教育均衡发展实证分析》，《国家教育行政学院学报》2007年第11期。

翟亚军等：《研究生教育质量的指数测度方法——对“985工程”一期教育部直属高校的实证分析》，《教育研究》2012年第2期。

高耀、杨佳乐：《博士毕业生就业歧视的类型、范围及其差异——基于2017年全国博士毕业生离校调查数据的实证研究》，《学位与研究生教育》2019年第3期。

李丽、王前：《基于实证的博士生教育质量影响因素分析》，《学位与研究生教育》2012年第9期。

陆国栋等：《我国普通本科院校教师教学发展指数：设计、实践与启示》，《中国高教研究》2019年第7期。

罗英姿等：《博士生招生“申请—考核”制下的行为选择与制度安排》，《教育发展研究》2016年第5期。

秦琳：《从师徒制到研究生院——德国博士研究生培养的结构化改革》，《学位与研究生教育》2012年第1期。

邱均平、曾倩、马凤：《中国研究生教育及学科专业评价报告（2011—2012）》，《重庆大学学报》（社会科学版）2012年第3期。

宋朝阳：《博士生招生实施“申请—考核”制的几点思考——以武汉大学为例》，《学位与研究生教育》2017年第3期。

王传毅、乔刚：《省域研究生教育质量评价指标体系构建研究》，《研究生教育研究》2017年第1期。

王传毅、王瑜琪、杨佳乐：《重思硕士培养定位：争论与可能》，《清华大学教育研究》2019年第2期。

王传毅、杨佳乐、李伊明：《美国在学博士规模究竟有多大：测算模型及其应用》，《研究生教育研究》2019年第1期。

王传毅、赵世奎：《21世纪全球博士教育改革的八大趋势》，《教育研究》2017年第2期。

王春超、钟锦鹏：《同群效应与非认知能力——基于儿童的随机实地实验研究》，《经济研究》2018年第12期。

王沛：《基于灰色聚类的研究生生源质量评价方法》，《西安邮电大学学报》2015年第4期。

王任模等：《博士生招生“申请—审核”制探索》，《学位与研究生教育》2017年第3期。

王战军、唐广军：《研究生教育质量指数构建研究》，《学位与研究生教育》2017年第12期。

武建鑫：《高等教育研究指数的构建与运用——基于文献计量学的实证分析》，《中国高教研究》2016年第7期。

徐瑾等：《一种基于概率图模型的研究生生源质量评价方法》，《云南大学学报》（自然科学版）2011年第S2期。

徐琳、孙跃东：《高校硕士研究生生源与培养质量的相关性研究——基于六所不同层次高校的实证研究》，《研究生教育研究》2012年第3期。

徐雪芬、辛涛：《创造力测量的研究取向和新进展》，《清华大学教育研究》2013年第1期。

徐志平、沈红：《学术劳动力市场运行的独特性及其成因》，《江苏高教》2019年第2期。

于菲等：《我国研究生就业状况实证研究》，《学位与研究生教育》2019年第6期。

袁本涛、王传毅、赵琳：《解码研究生科研体验调查：基于澳、英的比较分析》，《现代大学教育》2015年第3期。

詹正茂：《我国高等教育发展水平的综合评价指数研究》，《科学学与科学技术管理》2004年第9期。

张炜、周洪宇：《中国教育指数（2019年版）》，《宁波大学学报》（教育科学版）2019年第3期。

赵沁平：《研究生教育领域仍需摸着石头过的三条河》，《研究生教育研究》2019年第1期。

赵仁铃、江莹：《引入结构化面试 加强研究生复试》，《学位与研究生教育》2010年第2期。

周伟、张弛、徐昶：《博士生招生“申请—考核”制的双向匿名评价系统研究》，《学位与研究生教育》2017 年第 3 期。

周文辉等：《2021 年我国研究生满意度调查》，《学位与研究生教育》2021 年第 8 期。

周文辉等：《我国研究生教育满意度调查——基于在读研究生的视角》，《学位与研究生教育》2012 年第 12 期。

朱佳妮、朱军文、刘莉：《德国博士生培养模式的变革——“师徒制”与“结构化”的比较》，《学位与研究生教育》2013 年第 11 期。

三　外文著作类

A. W. Austin, *Achieving Educational Excellence: A Critical Assessment of Priorities and Practices in Higher Education*, Jossey-Bass Publishers, 1985.

J. C. Weidman et al., *Socialization of Graduate and Professional Students in Higher Education: A Perilous Passage?* Jossey-Bass Publishers, 2001.

UNESCO Institute for Statistics, *International Standard Classification of Education: ISCED* 2011, UNESCO Institute for Statistics, 2012.

W. E. Sedlacek, *Beyond the Big Test: Noncognitive Assessment in Higher Education*, Jossey-Bass Publishers, 2005.

四　外文期刊类

A. Austin, "Student Involvement: A Developmental Theory for Higher Education," *Journal of College Student Development*,

Vol. 40, No. 5, 1984, pp. 518 –529.

B. Anderson et al., "Academic Involvement in Doctoral Education: Predictive Value of Faculty Mentorship and Intellectual Community on Doctoral Education Outcomes," *International Journal of Doctoral Studies*, Vol. 8, 2013, pp. 195 –201.

B. Cronin and K. Overfelt, "Citation-Based Auditing of Academic Performance," *Journal of the American Society for Information Science & Technology*, Vol. 45, No. 2, 1994, pp. 61 –72.

C. L. Elam et al., "The Medical School Admission Interview: Perspectives on Preparation," *NACADA Journal*, Vol. 18, No. 2, 1998, pp. 28 –32.

C. W. Miller and K. A. Stassun, "A Test that Fails," *Nature*, Vol. 510, No. 7504, 2014, pp. 303 –304.

D. Cyranoski et al., "Education: The PhD Factory," *Nature*, Vol. 472, No. 7343, 2011, pp. 276 –279.

D. J. Price and D. D. Beaver, "Collaboration in an Invisible College," *American Psychologist*, Vol. 21, No. 11, 1966, pp. 1011 – 1018.

D. Lindsey, "The Corrected Quality Ratio: A Composite Index of Scientific Contribution to Knowledge," *Social Studies of Science*, Vol. 8, No. 3, 1978, pp. 349 –354.

D. Ying et al., "The Distribution of References across Texts: Some Implications for Citation Analysis," *Journal of Informetrics*, Vol. 7, No. 3, 2013, pp. 583 –592.

F. J. Trueba and Héctor Guerrero, "A Robust Formula to Credit Authors for Their Publications," *Scientometrics*, Vol. 60,

No. 2, 2004, pp. 181 – 204.

F. L. Oswald et al. , "Developing a Biodata Measure and Situational Judgment Inventory as Predictors of College Student Performance," *Journal of Applied Psychology*, Vol. 89, No. 2, 2004, p. 187.

G. Brunello and M. Schlotter, "Non-Cognitive Skills and Personality Traits: Labour Market Relevance and Their Development in Education & Training Systems," *Social Science Electronic Publishing*, Vol. 1, No. 1, 2011, pp. 62 – 67.

G. D. Kuh, "The National Survey of Student Engagement: Conceptual and Empirical Foundations," *New Directions for Institutional Research*, Vol. 2009, No. 141, 2009, pp. 5 – 20.

G. E. Giddins, "Personality Assessment of Future Doctors," *Journal of the Royal Society of Medicine*, Vol. 80, No. 6, 1987, pp. 395 – 396.

G. H. Awad, "The Role of Racial Identity, Academic Self-Concept, and Self-esteem in the Prediction of Academic Outcomes for African American Students," *Journal of Black Psychology*, Vol. 33, No. 2, 2007, pp. 188 – 207.

G. Jianxiu et al. , "Reproducing 'Academic Successors' or Cultivating 'Versatile Experts': Influences of Doctoral Training on Career Expectations of Chinese PhD Students," *Higher Education*, Vol. 76, No. 3, 2018, pp. 427 – 447.

G. S. Howard et al. , "Research Productivity in Psychology Based on Publication in the Journals of the American Psychological Association," *American Psychologist*, Vol. 42, No. 11, 1987, pp. 975 – 986.

G. Van Hooydonk, "Fractional Counting of Multiauthored Publications: Consequences for the Impact of Authors," *Journal of the American Society for Information Science and Technology*, Vol. 48, No. 10, 1997, pp. 944 – 945.

H. Boxenbaum et al., "Publication Rates of Pharmaceutical Scientists: Application of the Waring Distribution," *Drug Metabolism Reviews*, Vol. 18, No. 4, 1987, pp. 553 – 571.

I. Lukovits and P. Vinkler, "Correct Credit Distribution: A Model for Sharing Credit among Coauthors," *Social Indicators Research*, Vol. 36, No. 1, 1995, pp. 91 – 98.

J. D. Hall et al., "Predictors of Student Productivity in Biomedical Graduate School Applications," *PLoS One*, Vol. 12, No. 1, 2017, pp. 1 – 14.

J. M. McCarthy and R. D. Goffin, "Improving the Validity of Letters of Recommendation: An Investigation of Three Standardized Reference Forms," *Military Psychology*, Vol. 13, No. 4, 2001, pp. 199 – 222.

J. P. Campbell, "An Overview of the Army Selection and Classification Project (Project A)," *Personnel Psychology*, Vol. 43, No. 2, 1990, pp. 231 – 239.

J. R. Posselt, "Toward Inclusive Excellence in Graduate Education: Constructing Merit and Diversity in PhD Admissions," *American Journal of Education*, Vol. 120, No. 4, 2014, pp. 481 – 514.

J. Tobin, "Estimation of Relationships for Limited Dependent Variables," *Econometrica*, Vol. 26, No. 1, 1958, pp. 24 – 36.

K. A. Griffin et al. , "The Influence of Campus Racial Climate on Diversity in Graduate Education," *Review of Higher Education*, Vol. 35, No. 4, 2012, pp. 535 – 566.

K. H. Kim, "Can We Trust Creativity Tests? A Review of the Torrance Tests of Creative Thinking (TTCT)," *Creativity Research Journal*, Vol. 18, No. 1, 2006, pp. 3 – 14.

K. Rothermund and D. Wentura, "Underlying Processes in the Implicit Association Test: Dissociating Salience from Associations," *Journal of Experimental Psychology: General*, Vol. 133, No. 2, 2004, pp. 139 – 165.

L. B. Ellwein et al. , "Assessing Research Productivity: Evaluating Journal Publication across Academic Departments," *Academic Medicine*, Vol. 64, No. 6, 1989, pp. 319 – 325.

L. J. Grabowski and J. Miller, "Business Professional Doctoral Programs: Student Motivations, Educational Process, and Graduate Career Outcomes," *International Journal of Doctoral Studies*, Vol. 10, 2015, pp. 257 – 279.

L. Moneta-Koehler et al. , "The Limitations of the GRE in Predicting Success in Biomedical Graduate School," *PLoS One*, Vol. 12, No. 1, 2017, pp. 1 – 17.

L. R. James, "Measurement of Personality via Conditional Reasoning," *Organizational Research Methods*, Vol. 1, No. 2, 1998, pp. 131 – 163.

L. Streyffeler et al. , "Development of a Medical School Admissions Interview Phase 2: Predictive Validity of Cognitive and Non-Cognitive Attributes," *Medical Education Online*, Vol. 10,

No. 1, 2005, pp. 3 – 4.

M. F. Lynch et al., "Internal Motivation among Doctoral Students: Contributions from the Student and from the Student's Environment," *International Journal of Doctoral Studies*, Vol. 13, 2018, pp. 255 – 272.

M. J. Cullen et al., "Threats to the Operational Use of Situational Judgment Tests in the College Admission Process," *International Journal of Selection and Assessment*, Vol. 14, No. 2, 2006, pp. 142 – 155.

M. K. Enright and D. Gitomer, "Toward a Description of Successful Graduate Students," *ETS Research Report Series*, Vol. 30, No. 4, 1989, pp. 362 – 377.

M. Siniša et al., "Citation Context versus the Frequency Counts of Citation Histories," *Journal of the American Society for Information Science & Technology*, Vol. 49, No. 6, 1998, pp. 530 – 540.

N. Friedrich and K. Mac, "The Quality Culture in Doctoral Education: Establishing the Critical Role of the Doctoral Supervisor," *Innovations in Education and Teaching International*, Vol. 56, No. 2, 2019, pp. 140 – 149.

N. R. Kuncel et al., "A Comprehensive Meta-Analysis of the Predictive Validity of the Graduate Record Examinations: Implications for Graduate Student Selection and Performance," *Psychological Bulletin*, Vol. 127, No. 1, 2001, pp. 162 – 181.

N. Schmitt et al., "Impact of Elaboration on Socially Desirable Responding and the Validity of Biodata Measures," *Journal of Applied Psychology*, Vol. 88, No. 6, 2003, pp. 979 – 988.

P. Kyllonen et al., "Noncognitive Constructs and Their Assessment in Graduate Education: A Review," *Educational Assessment*, Vol. 10, No. 3, 2005, pp. 153 – 184.

P. Vinkler, "Research Contribution, Authorship and Team Cooperativeness," *Scientometrics*, Vol. 26, No. 1, 1993, pp. 213 – 230.

R. A. Shweder and R. G. D'Andrade, "Accurate Reflection or Systematic Distortion? A Reply to Block, Weiss, and Thorne," *Journal of Personality and Social Psychology*, Vol. 37, No. 6, 1979, pp. 1075 – 1084.

R. B. Winston, "A Suggested Procedure for Determining Order of Authorship in Research Publications," *Journal of Counseling and Development*, Vol. 63, No. 8, 1985, pp. 515 – 518.

R. Gilbert et al., "The Generic Skills Debate in Research Higher Degrees," *Higher Education Research & Development*, Vol. 23, No. 3, 2004, pp. 375 – 388.

R. Hunt, "Trying an Authorship Index," *Nature*, Vol. 352, 1991, p. 187.

R. J. Noeth et al., "Predicting Success in the Study of Veterinary Science and Medicine," *Journal of Educational Research*, Vol. 67, No. 5, 1974, pp. 213 – 215.

K. Rothermund and D. Wentura, "Underlying Processes in the Implicit Association Test: Dissociating Salience from Associations," *Journal of Experimental Psychology: General*, Vol. 133, No. 2, 2004, pp. 139 – 165.

R. L. Brooks and D. Heiland, "Accountability, Assessment and Doctoral Education: Recommendations for Moving Forward," *European Journal of Education*, Vol. 42, No. 3, 2007, pp. 351 - 362.

S. G. Nadelson, "Inside Graduate Admissions: Merit, Diversity, and Faculty Gatekeeping," *The Journal of Educational Research*, Vol. 111, No. 1, 2018, p. 125.

S. K. Gardner and B. J. Barnes, "Graduate Student Involvement: Socialization for the Professional Role," *Journal of College Student Development*, Vol. 48, No. 4, 2007, pp. 369 - 387.

S. R. Smith et al., "A Comparison of the First-Year Medical School Performances of Students Admitted with and without Interviews," *Journal of Medical Education*, Vol. 61, No. 5, 1986, pp. 404 - 406.

T. Calvin, "The Degree of Master of Arts," *Journal of Proceedings and Addresses of the Twelfth Annual Conference of the Association of American Universities*, Vol. 12, 1910, pp. 34 - 50.

T. Mainhard et al., "A Model for the Supervisor Doctoral Student Relationship," *High Education*, Vol. 58, No. 3, 2009, pp. 359 - 373.

W. E. Sedlacek, "Why We Should use Noncognitive Variables with Graduate and Professional Students," *The Journal of the National Association of Advisors for the Health Professions*, Vol. 24, No. 2, 2004, pp. 32 - 39.

W. P. Alexander, "Intelligence, Concrete and Abstract: Note," *British Journal of Psychology*, Vol. 19, No. 1, 1938, p. 74.

后　记

自1981年学位制度建立以来，中国研究生教育实现了历史性跨越，不仅基本解决了能否立足国内自主培养高层次人才的问题，也建立了完备的研究生教育体系，成为支撑“中国速度”的智慧引擎。然而需要看到的是，中国虽已成为研究生教育大国，但仍处于迈向研究生教育强国的发展阶段。2019年高等教育毛入学率突破50%，意味着中国高等教育进入普及化阶段，作为高等教育金字塔尖的研究生教育成为国家关心、学校关注、社会关切的重中之重。

本人自2008年起开始关注研究生教育领域，一直持续至今，先后出版《差异与协调：我国研究生教育之区域结构》和《我国研究生教育结构调整问题研究》（与清华大学袁本涛教授合著），参编2012～2020年发布的《中国学位与研究生教育发展年度报告》。上述研究，先后得到博士生导师、武汉大学程斯辉教授，博士后合作导师、清华大学袁本涛教授以及清华大学研究生教育研究中心主任刘惠琴研究员的悉心指导，特此致谢！其中，关于在学研究生学术贡献的研究成果曾与袁本涛教授合作发表，被《新华文摘》转载，纳入《中国学位与研究生教育发展年度报告》，也多次被中央领导、教育部领导讲话采用。遗憾的是，天妒英才，袁本涛教授于 2019 年 2 月 24 日因病离我们而去。本人万分悲痛，祝愿袁老师在天堂一切安好，不受病痛折磨！

研究生教育质量是本人继研究生教育规模结构研究之后，进一步深入探索的问题。本人与杨佳乐（清华大学博士、中国社会科学评价研究院助理研究员）、程哲（清华大学—新加坡南洋理工大学联合培养博士生）本着守正创新的研究思路，在生源质量评价、培养质量评价及学位论文质量评价三个方面，做出了积极探索，并对所提出的评价方法进行了实证检验，相关研究成果曾刊载于研究生教育领域的重要学术期刊，其中对研究生学位论文质量的研究被《新华文摘》转载。其间本人也深度参与了中国学位与研究生教育学会副会长、北京理工大学研究生教育研究中心主任王战军教授牵头的《中国研究生教育质量年度报告》的编撰工作，得到王战军教授的指导和启发，特此致谢！

本书在撰写过程中得到国务院教育督导委员会总督学顾问、中国高等教育学会第六届理事会会长瞿振元先生和中国社会科学评价研究院荆林波院长的指导和支持。二位老师专门为本书作序推荐，深表感谢！

本书相关研究也受到教育部相关领导同志，清华大学杨斌副校长、史静寰教授、赵琳副编审，北京大学陈洪捷教授、沈文钦副教授，北京航空航天大学马永红教授、赵世奎教授，北京理工大学周文辉研究员、周玉清老师、刘俊起老师、黄欢老师，天津大学高耀副教授的指导和启发，特此致谢！同时，武汉大学吴青老师、湖北大学吴笛老师、清华大学胡轩老师也为本书研究提供了基础性资料。本书出版也得到社会科学文献出版社芮素平女士的大力支持，也一并致谢！

限于作者水平有限，书中错误、疏漏之处在所难免，敬请同行们批评指正！

王传毅书于清华园

2021 年 10 月 1 日

图书在版编目（CIP）数据

研究生教育质量评价 ：方法与应用 / 王传毅，杨佳乐，程哲著. -- 北京 ：社会科学文献出版社，2022.9

ISBN 978 -7 -5201 -9897 -4

Ⅰ.①研… Ⅱ.①王… ②杨… ③程… Ⅲ.①研究生教育 - 教育质量 - 研究 - 中国 Ⅳ.①G643

中国版本图书馆 CIP 数据核字（2022）第 047122 号

研究生教育质量评价：方法与应用

著　　者 / 王传毅　杨佳乐　程　哲

出 版 人 / 王利民
责任编辑 / 芮素平
文稿编辑 / 陈　冲
责任印制 / 王京美

出　　版 / 社会科学文献出版社 · 联合出版中心（010）59367281
地址：北京市北三环中路甲 29 号院华龙大厦　邮编：100029
网址：www. ssap. com. cn
发　　行 / 社会科学文献出版社（010）59367028
印　　装 / 三河市尚艺印装有限公司

规　　格 / 开　本：787mm × 1092mm　1/16
印　张：12.5　字　数：132 千字
版　　次 / 2022 年 9 月第 1 版　2022 年 9 月第 1 次印刷
书　　号 / ISBN 978 -7 -5201 -9897 -4
定　　价 / 88.00 元

读者服务电话：4008918866